PUBLICATION DE LA RÉUNION DES OFFICIERS

EXERCICES TACTIQUES DE COMBAT

POUR

L'INFANTERIE

PAR

Le général de BESTAGNO

TRADUIT DE L'ITALIEN

PAR

A. de LORT SÉRIGNAN

LIEUTENANT D'INFANTERIE

Professeur adjoint d'Art et d'Histoire militaires, à Saint-Cyr.

~~~

PARIS

LIBRAIRIE MILITAIRE DE J. DUMAINE

LIBRAIRE-ÉDITEUR

Rue et Passage Dauphine, 30

1874

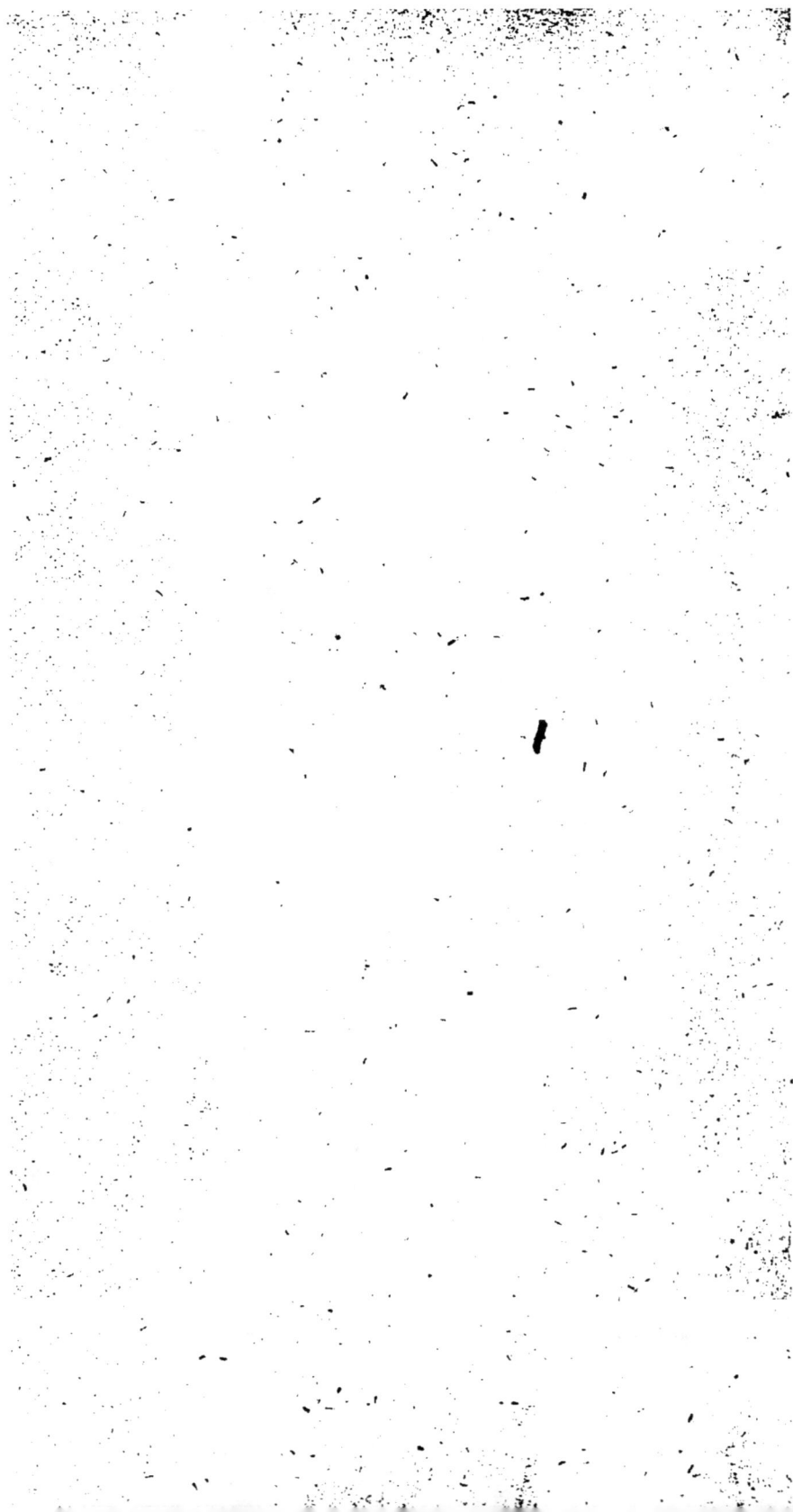

EXERCICES TACTIQUES DE COMBAT

POUR

L'INFANTERIE

Imprimerie de J. DUMAINE, rue Christine, 2.

PUBLICATION DE LA RÉUNION DES OFFICIERS

EXERCICES TACTIQUES DE COMBAT

POUR

L'INFANTERIE

PAR

Le général de BESTAGNO

TRADUIT DE L'ITALIÉN

PAR

A. de LORT SÉRIGNAN

LIEUTENANT D'INFANTERIE

Professeur adjoint d'Art et d'Histoire militaires

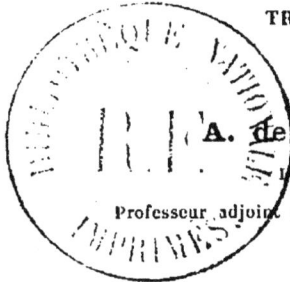

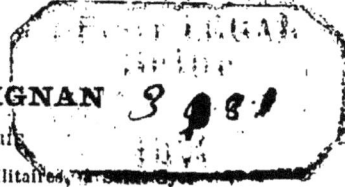

PARIS

LIBRAIRIE MILITAIRE DE J. DUMAINE

LIBRAIRE-ÉDITEUR

Rue et Passage Dauphine, 30

1874

AVANT-PROPOS

Le petit livre dont nous présentons aujourd'hui la traduction à nos camarades n'a point besoin d'autre recommandation que le nom de son auteur. M. le général de Bestagno est un des écrivains militaires italiens les plus estimés et les plus appréciés, le plus lu de tous peut-être. M. de Bestagno connaît à fond l'armée prussienne : il se garde de professer à son endroit une admiration absolue et irréfléchie, mais il ne craint point de prendre à nos ennemis ce qu'ils ont de bien et, surtout, ce qu'ils ont de pratique. On a souvent dit à quel point les Italiens possédaient l'esprit d'assimilation ; sans copier strictement, ce qui serait le fait d'un plagiaire vulgaire, il savent admirablement choisir ce qu'un peuple différent de mœurs, de race, de manière d'être, possède de supérieur à eux. Ce don d'assimilation s'est montré surtout dans la réorganisation de leur armée et en particulier de leur tactique.

Après 1859, l'armée italienne, enthousiaste de nos institutions militaires, ne connut plus que l'armée française ; après 1866 et surtout 1870, les Italiens ont compris que c'était en Prusse qu'il fallait chercher des institutions à prendre et une tactique à copier.

Dans ce travail de réorganisation, il nous semble qu'ils ont surpassé le modèle, et l'organisation de la compagnie italienne nous paraît être actuellement ce qu'il y a de mieux et de plus pratique dans les armées d'Europe.

La compagnie italienne comprend au pied de guerre deux cents hommes et cinq officiers. — Ces deux cents hommes sont répartis en quatre pelotons, les pelotons en demi-pelotons et escouades, *squadra*, *squadriglia*.

Toutefois, nous croyons ce nombre de deux cents hommes insuffisant, et les Autrichiens avec leur compagnie de cent quinze files, les Prussiens avec celle de deux cent cinquante hommes nous paraissent être plus rationnels. Quant à la force de la compagnie italienne en temps de paix, cent hommes, elle nous semble plus faible qu'il n'est permis, mais nous n'insistons pas, cet affaiblissement ayant été évidemment imposé par d'impérieuses nécessités budgétaires. Les Allemands, Autrichiens et Prussiens, ont été guidés dans la réglementation de la force de leur compagnie par la considération suivante : Pour avoir huit cents baïonnettes sur le champ de bataille, il en faut un millier à l'entrée en campagne ; l'expérience a prouvé qu'ils pensaient juste ; on sait, du reste, que cette idée est française et qu'elle appartient à Marmont.

Nous croyons donc que le bataillon italien sera insuffisant avec son effectif de huit cents hommes au grand maximum. Un tel chiffre donnera à peine six cent cinquante hommes sur le champ de bataille, nombre évidemment trop faible aujourd'hui.

Revenons à la compagnie. Nous avons dit que son *organisation* nous semblait supérieure à celle de la compagnie prussienne. La compagnie prussienne se compose, comme on sait, de trois pelotons, y compris le peloton des tirailleurs. Cette dernière fraction se déployant en ordre dispersé aussitôt le contact pris avec l'ennemi, il ne reste plus qu'un tiers de la compagnie en soutien et le troisième tiers en réserve. — La compagnie italienne déploie un quart de son effectif en tirailleurs, un quart en *renfort*, un quart en soutien et garde une réserve composée du dernier quart. Le plus souvent, les deux premiers pelotons formant les tirailleurs et le renfort, l'autre moitié de la compagnie constituera *le gros*, c'est-à-dire une réserve compacte de cent hommes pouvant, au moment du choc, donner un effort et produire un effet beaucoup plus sensibles que la réserve de la compagnie prussienne. On objectera que ce *gros* allemand, quoique composé d'un seul peloton, comprendra quatre-vingt-trois hommes, quand les deux pelotons italiens n'en auront ensemble que cent : nous dirons que cette différence de dix-sept hommes nous paraît sensible et que le fractionnement en quatre pelotons au lieu de trois, même en de telles conditions, nous semble supérieur à la division en trois sous-unités.

On se convaincra, en lisant les prescriptions du général de Bestagno, de l'importance extrême attachée, à bon droit, par les Italiens à l'instruction du *groupe*. Cette instruction du groupe est capitale et d'elle dépend le profit retiré plus tard de l'éducation donnée aux fractions plus considérables du peloton, de la compagnie, du bataillon. Avec l'arme de précision que possède aujourd'hui le soldat d'infanterie et la liaison chaque jour plus intime qui unit le terrain aux applications tactiques, l'instruction individuelle du soldat de rang et surtout du tirailleur doit devenir la grande préoccupation du chef. Que ne fera point une compagnie dont tous les hommes sauront à fond profiter du moindre pli de terrain, d'une haie, d'un arbre, de la plus mince surface couvrante, dont chaque soldat, convenablement exercé au tir, ne fera feu qu'à coup sûr, en observant exactement les distances, sous la direction de sous-officiers sachant commander à temps et à propos un feu de salve, rallier leur troupe, la déployer de nouveau? Il n'y a aucune témérité à affirmer qu'avec une telle instruction et les armes actuelles, une pareille compagnie pourra avantageusement lutter contre un ennemi deux ou trois fois supérieur, mais n'ayant que l'instruction insuffisante donnée aujourd'hui dans nos régiments.

2

Ce dressage du soldat isolé et du groupe est la base indispensable de toute instruction. « Que chacun croie et soit bien persuadé que le maniement tactique des masses n'est autre chose que l'application sur une échelle plus vaste des principes appliqués dans l'instruction du groupe; ce groupe grossit peu à peu et prend des proportions considérables, mais l'enseignement repose sur les mêmes principes, les mêmes lois générales, et cela jusqu'aux exercices du 3ᵉ degré inclusivement. »

Bien qu'on ait senti dans notre armée cette impérieuse nécessité de perfectionner l'instruction individuelle du soldat, quoique l'on ait essayé une amélioration en ce sens, nous sommes persuadé que nous sommes encore loin du but à atteindre. Une des première difficultés, dans cette voie, est le manque d'instructeurs capables et de bons sous-officiers : l'officier ne peut être partout, sa dignité s'oppose à ce qu'il y soit et ne veut point qu'il s'occupe de certains détails infimes, désignés spécialement à la surveillance du sous-officier.

Cependant, la question a une gravité exceptionnelle : l'instruction du soldat est une des plus **importantes de notre réorganisation militaire, et** il faut absolument que chacun donne sa part d'efforts à l'œuvre commune. C'est cette idée qui nous a décidé à livrer à nos camarades cette traduction du général de Bestagno.

A. DE LORT-SÉRIGNAN.

Saint–Cyr, 1er mars 1874.

AVERTISSEMENT

Ce petit livre a pour but de donner une progression pour l'instruction tactique de l'infanterie sur le terrain. Il cherchera en même temps à établir des règles générales et uniformes pour exercer les troupes aux combats où seront opposés, d'abord le GROUPE au GROUPE, puis des fractions plus nombreuses, jusqu'au troisième degré inclusivement où des détachements de cavalerie et d'artillerie seront mis, des deux parts, à a disposition des combattants.

Ce travail est le résultat d'études pratiques faites cette année au camp d'instruction.

GÉNÉRAL DE **BESTAGNO.**

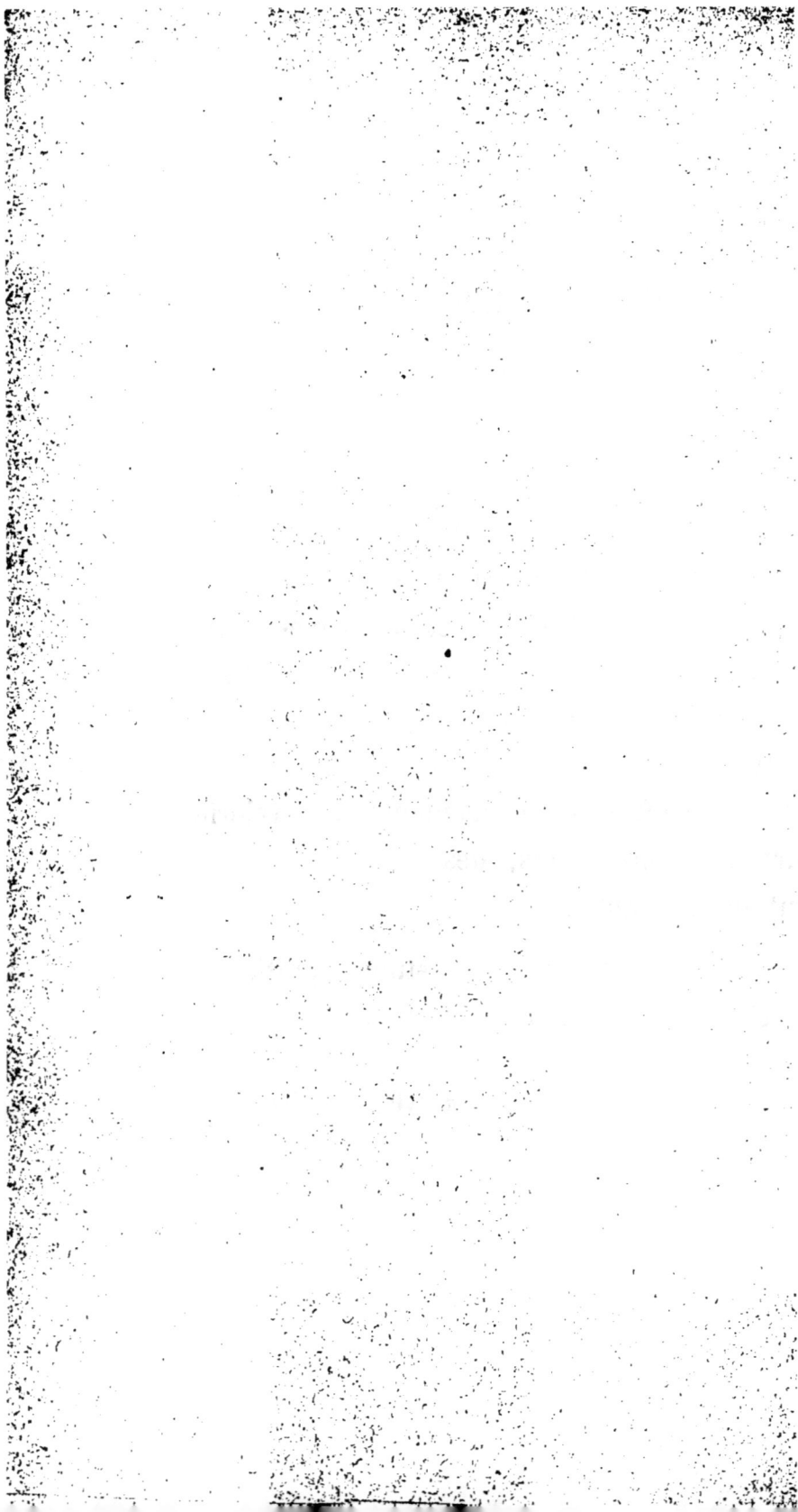

INTRODUCTION

CHAPITRE PREMIER

ANALYSE DE LA MÉTHODE WALDERSÉE

Nous poserons tout d'abord en principe, qu'il n'est et ne peut être qu'une méthode unique pour l'enseignement tactique des troupes, celle qui applique au terrain les manœuvres réglementaires. Mais le terrain où l'on opérera présentera une foule d'obstacles les plus variés ; il faudra donc par des leçons minutieuses et détaillées, apprendre à s'en servir et à en tirer parti, puis déduire une méthode applicable à tous les cas. Il faudra que, tout en adaptant au terrain cet ordre d'idées abstraites développées dans le règlement sur les manœuvres, l'on tende vers une instruction positive, en faisant tout d'abord connaître la localité et les caractères du lieu où l'on opère, puis, la manière de tirer du champ de bataille tout le parti possible.

La méthode Waldersée procède avec détail, uniformité et va du petit au grand ; elle commence par l'individu, s'occupe ensuite de groupes minimes et finit par des fractions considérables.

Dans son premier exercice, Waldersée explique la manière la plus rationnelle de choisir ses *positions*, c'est-à-dire de se bien conformer au terrain où l'on manœuvre ; dans le deuxième il apprend à régler les feux sur un ennemi qui attaque ; dans le troisième il enseigne à défendre une position. L'auteur, dans ces trois exercices, développe les règles et les lois qu'il est bon d'employer pour se couvrir et atteindre l'ennemi ; il y joint les plus utiles remarques sur les meilleures manières d'ajuster et de faire usage du feu d'infanterie.

Dans les exercices 4, 5, 6 et suivants, il s'occupe des attaques de front, de flanc et de l'abandon d'une position qu'on ne peut plus garder ; puis il combine ces exercices entre eux pour instruire et exercer le soldat à tirer bon parti des positions et situations dans lesquelles il peut se trouver sur un terrain quelconque et inconnu.

Cette méthode fort détaillée est indispensable pour l'éducation tactique du soldat ; elle développe son intelligence et a, de plus, l'avantage immense d'habituer les commandants de toute espèce de fractions armées, à cette initiative bien raisonnée dont on ne peut se passer à la guerre.

Elle donne à tous ce calme dont l'importance croît avec celle des feux d'infanterie, calme qui naît de la connaissance parfaite de ce que l'on doit faire et d'une confiance entière et en soi-même et dans les autres.

Un autre avantage de la méthode Waldersée est d'être éminemment analytique et de représenter par le nombre multiple de ses exercices la majeure partie des cas qui peuvent s'offrir à la guerre. La mémoire de l'instructeur est ainsi secourue et l'instruction donnée d'une façon plus suivie et plus développée ; de plus, l'enseignement tactique de la troupe est plus parfait par la vraisemblance constante gardée entre la théorie et la guerre véritable.

En résumé la méthode Waldersée est excellente : il faut seulement qu'on l'adapte à notre caractère et à nos règlements en tenant compte de la différence d'intelligence entre les deux peuples.

Waldersée dit dans ses règles fondamentales : Aussitôt que la recrue aura appris les exercices élémentaires, la charge et le pointage, on doit la faire passer à l'ordre ouvert appliqué au terrain. Ces paroles déterminent ce que doit posséder le soldat avant qu'on commence à lui inculquer les principes du combat appliqués au terrain.

Il faudra donc, avant tout, que la recrue :

1° Ait terminé l'instruction individuelle et l'école d'ordre compacte ou ouvert dans laquelle le règlement lui enseigne à manœuvrer pour la parade, lui donne cette cohésion dont elle a besoin, l'habitue à la discipline, à l'ordre et à la manière de passer en toute circonstance d'une formation à l'autre.

2° Qu'elle connaisse parfaitement son arme et possède des notions de tir suffisantes.

3° Qu'elle ait assisté au moins aux six premières séances de tir à la cible individuel et aux quatre premières leçons de l'appréciation des distances, de manière qu'elle puisse se servir de la hausse et estimer la distance qui la sépare de son adversaire.

4° Il sera également fort utile de lui faire quelques leçons pratiques ou théoriques *sur le terrain*, de lui expliquer les caractères divers et les avantages qu'il présente, de lui montrer d'une façon simple comment tel obstacle favorise mieux qu'un autre telle position, de lui donner enfin quelques notions claires et simples d'orientation.

Cela fait, on appliquera au terrain les principes donnés. Il conviendra d'insister longuement et d'une manière spéciale sur l'éducation individuelle : car la pratique montre combien, les premiers principes étant bien inculqués à la recrue d'abord, puis au petit groupe, l'homme a de facilité et d'intelligence à manœuvrer ensuite dans les fractions plus considérables de la section ou du peloton.

CHAPITRE II

On va chercher dans ces prescriptions à enseigner aux troupes d'infanterie à combattre avec intelligence et d'après des règles uniformes, à appliquer au terrain les formations tactiques d'une façon intelligente et judicieuse, d'après les circonstances et les mouvements de l'ennemi.

Pour que cet enseignement s'approche autant qu'il est possible de la réalité il sera *indispensable que les deux partis soient toujours représentés*. Ils auront une force proportionnelle au genre d'opérations et à l'espèce d'exercice que devra effectuer chacun des deux partis et l'on s'abstiendra de donner à une troupe une mission trop évidemment au-dessus de ses moyens. En principe, on doit attribuer aux partis la même force que si l'opération à étudier avait lieu réellement en campagne.

Pour que les petites garnisons puissent exécuter des exercices de combat d'un ordre supérieur à leur force, on se contente de représenter l'un des partis ou par une ligne d'avant-postes si on le considère comme en position, ou par un certain nombre de groupes ou de patrouilles s'il est réputé en mouvement.

Quand les deux partis ont une force véritable, l'ennemi est dit *Représenté :* Dans l'autre cas, il est seulement *Désigné.* Cette distinction doit être nettement spécifiée dans le thème d'exercice.

Dans chaque exercice, du plus petit au plus grand, on doit trouver une direction et un but réalisable ; les mouvements, les manœuvres, les opérations doivent s'y succéder comme sur le champ de bataille, autant que le permettront le respect dû aux propriétés et le devoir d'empêcher tout dégât inutile.

Quand on commencera les exercices de deux bataillons opposés l'un à l'autre il sera bon d'adjoindre quelquefois à l'infanterie quelques troupes d'artillerie (jamais moins d'une section) et aussi de cavalerie (jamais moins d'un peloton) ; on commencera à combiner ainsi la tactique des trois armes.

Pour les exercices de combat un terrain coupé, couvert et inégal sera très-favorable. Les soldats s'habituent là à choisir rapidement et bien tous les accidents qu'on peut utiliser et en profitent avec discernement. Les officiers et les sous-officiers apprennent à conduire leur troupe avec intelligence et jugement, et forment leur coup d'œil à bien adapter aux mouvements du terrain les diverses formations tactiques.

On a cherché ici à donner des règles et des prescriptions pour servir à tous les grades : ces prescriptions constituent une méthode uniforme à laquelle chaque supérieur devra se tenir quand il fera lui-même l'instruction de ses subordonnés.

Que l'on comprenne bien cependant que ces règles sont générales, mais non point absolues, qu'on aura à les appliquer suivant la raison et le bon sens et qu'on ne doit point s'en faire l'esclave ni les prendre à la lettre.

Le profit et l'utilité qu'on en retirera dépendront de la manière dont on les aura comprises, du vrai sens dans lequel on les aura entendues, de la méthode dont les instructeurs les développeront dans la pratique, et de la marche progressive qu'on suivra en les appliquant petit à petit.

Que chacun croie bien et soit profondément persuadé que le maniement tactique des masses n'est autre que l'application sur une échelle plus vaste des principes appliqués dans l'instruction du groupe ; ce groupe grossit peu à peu et prend des proportions considérables, mais l'enseignement repose sur les mêmes principes, les mêmes lois générales, et cela, jusqu'aux exercices du 3e degré inclusivement.

L'exercice de combat demande des indications écrites qui fixent clairement et en termes concis la direction générale et le but des manœuvres. Dans les exercices du groupe et de la section les thèmes sont donnés verbalement et au moment de l'exécution. Quelquefois, suivant la nature des exercices et le caractère du terrain, on se contentera d'indiquer l'espèce d'opération à effectuer et l'idée générale de la manœuvre : on laissera au choix des commandants de partis le terrain et le mode d'action.

Dans chaque exercice, qu'il soit du 1er, du 2e ou du 3e degré, on indiquera qui devra donner le thème ; le thème fixera les règles plus spécialement appropriées à l'opération à exécuter.

Celui qui donne le thème doit bien connaître le terrain où l'on doit opérer et savoir exactement si la manœuvre présente peut s'effectuer sans obstacles et avec profit pour ceux qui l'exécuteront.

Il est difficile et peu sûr de déterminer sur la carte les lieux propres et favorables au développement des opérations ; on doit donc les voir soi-même ou les faire reconnaître par des officiers intelligents, qu'on chargera spécialement de cette mission ; le respect dû aux propriétés privées **oblige à ces précautions.**

Dans les cas de rencontre à l'improviste, où le lieu et le mode de combat sont laissés au choix des chefs de groupes, il conviendra de régler l'heure de départ de l'un et de l'autre, pour que la rencontre n'ait pas lieu en un point où ils ne pourraient agir.

Quelquefois la nature même du thème veut que le chef d'un des deux partis connaisse d'avance le terrain : on le lui fera alors reconnaître quelques jours auparavant, tout en lui tenant caché le thème.

Mais le plus souvent le meilleur est que ni l'un ni l'autre n'ait reconnu le terrain : c'est en effet le cas qui se présente le plus fréquemment à la guerre.

Dans les thèmes pour les exercices de combat on ne doit jamais faire de supposition contraire à la réalité, qu'il s'agisse du terrain, de la force des troupes ou d'une manœuvre à exécuter; on se gardera bien davantage encore de combattre un ennemi non représenté ou non désigné.

En principe l'exercice est dirigé par celui qui a donné le thème. Il doit donc faire en sorte de suivre la manœuvre dans sa marche et ses phases diverses, aussi bien pour juger de l'habileté des commandants de parti et du degré d'instruction des troupes que pour faire, l'*exercice terminé*, les observations nécessaires et la critique raisonnée de l'opération.

La manœuvre achevée, celui qui l'a dirigée réunit les officiers et, pendant le repos qui précède le retour ou même le lendemain, il leur expose avec détail ses impressions, ses appréciations sur les opérations de l'un et l'autre parti, suivant ce qu'il aura trouvé de remarquable dans le cours et les phases diverses de l'exercice.

Dans les exercices de groupe la troupe qui n'agit pas forme les faisceaux.

Les exercices de combat sont toujours faits à feu.

Pour ces exercices, on donnera d'ordinaire au soldat ou sous-officier trois cartouches à blanc *au moment du départ;* dans les exercices de bataillon à bataillon ou du 3° degré, chaque homme recevra un paquet de dix cartouches à blanc, plus une cartouche libre.

L'emploi des munitions doit être réglé suivant la stricte nécessité, c'est-à-dire seulement pour montrer l'occupation d'une position et indiquer les diverses phases de l'action.

Les cartouches à balle seront mises dans le sac comme il est prescrit.

Avant de partir pour un exercice de combat les officiers s'assureront bien que les soldats n'ont point de cartouches à balles dans les poches ou la giberne : celles-ci pourraient provenir de cartouches distribuées pour le tir à la cible.

On évitera avec soin les dommages aux propriétés privées; il est défendu de faire feu dans le voisinage des lieux ou des objets pouvant allumer l'incendie, soit dans les rues bordées d'habitations, soit trop près des maisons; on ménagera les récoltes, les arbres.

Les voies ferrées ne doivent être traversées qu'aux endroits réservés pour le passage : on doit toujours s'entourer des précautions nécessaires et ne s'aventurer jamais quand les barrières ont été fermées pour l'arrivée d'un convoi.

Pour éviter les pertes de temps et les contestations à propos de la valeur des mouvements ou de l'habileté tactique des chefs en présence, dans tous les cas douteux qui s'offrent à chaque instant, des *arbitres* ou *juges du camp* ont la mission de résoudre sur les lieux, au moment même où un point est en litige, l'objet de la controverse; ce jugement, rendu avec impartialité, est sans appel et les ordres des juges du camp sont immédiatement exécutoires comme s'ils émanaient du chef qui dirige l'exercice.

Pendant l'opération, les juges du camp suivent les mouvements des deux partis, se transportent aux points ou l'action prend de l'importance, mais ils n'interviennent que lorsqu'ils sont indispensables pour décider une question et s'abstiennent absolument de donner des conseils ou des informations.

Lorsqu'un juge du camp a décidé qu'une fraction engagée devait se retirer pour se reformer, il indique à celui qui la commande le point où elle devra se rendre et combien de temps elle devra attendre avant de rentrer en ligne.

Au cas où une fraction de troupe est déclarée par le juge du camp hors de combat (comme prisonnière, dispersée ou détruite), elle se retire au point qu'on lui indique et y attend la fin du combat.

Lorsque les deux partis s'attribuent la victoire et ne savent point lequel des deux doit se retirer, c'est au juge du camp à décider : si l'assaillant l'a emporté, la défense se retire à 300 mètres en arrière de la position gardée; si la défense a eu l'avantage l'assaillant bat en retraite de 300 mètres.

Les juges du camp doivent déclarer hors de combat les fractions qui feraient feu sur l'ennemi à moins de 100 mètres, qui commenceraient une attaque à une distance plus faible, ou enfin qui auraient consommé leurs munitions; en effet en campagne ces troupes seraient dans l'impossibilité de faire feu.

Les décisions des juges du camp doivent être *promptes, précises et immédiates*. Ils n'ont point à s'occuper de la tournure finale du mouvement, mais ils tiennent compte des forces qui se trouvent en ligne, de la valeur défensive du terrain, du mode de manœuvrer des deux adversaires, et remarquent si chacun des combattants a préparé l'attaque ou la défense par un feu réglé ou non suivant la distance.

Lorsque deux juges du camp se trouvent sur le même lieu et qu'un jugement doit être prononcé, c'est au plus élevé en grade ou, à grade égal, au plus ancien à parler.

Lorsque des contestations s'élèvent entre les adversaires et que les juges du camp sont occupés ailleurs, c'est au plus élevé en grade ou, à grade égal, au plus ancien, qu'il soit spectateur ou combattant, de décider celui des deux partis qui doit céder le terrain.

Pour aucun motif un juge du camp n'ordonnera tel ou tel mouvement, n'indiquera la manière d'occuper ou de défendre une position : il s'abstiendra aussi d'une façon absolue d'informer un parti des mouvements de l'autre.

Il s'appuiera, en rendant ses arrêts, sur les lois suivantes :

1° Une troupe, attaquant de front une troupe

d'égale force dans une bonne position défensive, ne peut l'en déloger.

2º Quelle que soit la force d'une troupe (la proportion n'étant pourtant pas exagérée), elle ne pourra se maintenir sous des feux croisés.

3º Battra également en retraite, toute troupe qui, n'ayant pas su prendre à temps ses dispositions contre un mouvement tournant, aura laissé menacer fortement sa ligne de retraite.

4º Un assaillant sera facilement repoussé quand pour avoir voulu tourner ou envelopper il se sera fractionné en groupes trop faibles, permettant ainsi à l'ennemi de le battre en détail et de le couper à temps pour l'anéantir.

Dans les mouvements de flanc les troupes qui les exécuteront ne devront pas se détacher trop des autres (à moins qu'il ne s'agisse de corps considérables); ces troupes s'exposeraient ainsi à être trop facilement coupées. Ces mouvements ne doivent pas être tentés à la légère, car, si leur effet est grand, la troupe qui les tente s'expose aussi beaucoup en se fractionnant; l'ennemi peut facilement résister à cette double attaque en prenant une position centrale qui lui permette de manœuvrer réuni et compacte et de battre séparément l'assaillant.

5º Un juge du camp doit user de tout son juge-

ment, de sa modération et de tout son discernement pour déclarer *hors de combat* une fraction
quelconque de troupes et en particulier des bataillons *entiers*. On ne peut conclure que des bataillons soient *détruits* parce qu'ils se trouvent
entre deux feux : il faut que leur position soit tellement critique que s'ils étaient sur un véritable
champ de bataille ils fussent contraints à se rendre
pour n'être pas anéantis.

Lorsqu'une troupe est prise entre deux feux,
mais non pas enveloppée, il est rationnel d'en
déclarer hors de combat une portion quelconque va-
riant suivant le temps où elle a été en détresse, un
quart, une moitié, mais jamais la totalité : cette
manière d'agir est plus conforme à la réalité.

Le supérieur qui dirige la manœuvre remplit
également les fonctions de juge du camp.

Pour que les partis opposés puissent facilement
se reconnaître, l'un mettra la capote et l'autre la
veste de toile, ou portera simplement le képi
retourné.

Pour prévenir des désordres, des dommages ou
des accidents, les troupes ennemies n'approcheront
jamais l'une de l'autre à plus de 100 mètres.

Lorsque dans l'attaque d'une position la défense
ne se croit pas contrainte à battre en retraite et
que l'assaillant pense être en force suffisante pour

l'y avoir obligée, il s'arrêtera à 100 mètres de la position et attendra *reposé sur l'arme* que le juge du camp ait tranché la question.

Si deux troupes marchent l'une contre l'autre sans qu'aucune des deux ne se croie forcée à battre en retraite, elles s'arrêteront à 100 mètres l'une de l'autre et attendront, au repos, la décision du juge du camp.

Dans les exercices de combat l'infanterie ne doit jamais mettre la baïonnette au canon.

En aucun cas on ne fera de prisonniers de guerre.

Dans les exercices du premier degré jusqu'aux exercices de compagnie inclusivement on n'emploie pas de juges du camp ; l'officier qui préside à la manœuvre corrige les erreurs et fait recommencer les mouvements mal exécutés jusqu'à ce qu'on arrive à un degré de perfection satisfaisant.

Dans les exercices de combat, excepté dans ceux du groupe et de la section, les troupes seront en tenue de marche, les officiers auront l'écharpe (1).

Quand l'un des partis a une longue marche à faire pour atteindre ses positions on peut l'autoriser à ne point porter le sac ; sauf cette exception,

---

(1) L'insigne du service quel qu'il soit. De L. S.

les hommes auront toujours le sac rempli suivant l'ordonnance.

Pour éviter les inconvénients dérivant d'erreurs dans l'interprétation des sonneries, on ne se servira du clairon que lorsqu'un signal regardera les troupes d'un parti *entier*, pour les mouvements de fractions moindres on se servira de signes conventionnels tels que celui *d'agiter un mouchoir* ou autres de ce genre. Il serait préférable encore de se servir de *sifflets* et d'un alphabet indiquant que l'ennemi est en vue, ou, qu'un groupe s'avance, qu'une section se retire, appuie à droite ou à gauche.

Tous les officiers et sous-officiers devraient être munis d'un sifflet (1).

Les signaux généraux et exécutoires indistinctement par les troupes des deux partis sont :

Le signal de *halte* précédé des quatre premières mesures de la marche du roi; il sert pour suspendre le combat, toutes les troupes s'arrêtent alors sur les positions qu'elles occupent et attendent au repos.

---

(1) M. le général de Cissey avait essayé d'introduire dans nos régiments l'usage du sifflet pour l'école de tirailleurs. Une première expérience n'a point donné de résultats satisfaisants et la tentative a échoué, Il semble cependant que l'idée soit bonne, et il est à souhaiter que de nouvelles expériences soient faites. **De L. S.**

Le commandant supérieur des troupes se sert de ce signal quand il veut les faire reposer, ou suspendre le combat pour rectifier une erreur de manœuvre.

Le signal de *en avant*, précédé des quatre premières mesures de la marche du roi, indique aux troupes qu'elles ont à reprendre le combat interrompu par le signal de *halte*.

L'assemblée, précédée des quatre premières mesures de la marche du roi, indique la fin de la manœuvre.

Tous ces signaux généraux donnés par le premier clairon venu sont immédiatement répétés par tous les clairons de l'un et de l'autre parti.

Seul le directeur de la manœuvre peut ordonner les sonneries générales : dans le cas d'absolue nécessité ou pour prévenir de grandes confusions, mais là seulement, les juges du camp peuvent faire donner le signal général de *halte*.

PREMIÈRE PARTIE

EXERCICES DU PREMIER DEGRÉ

CHAPITRE PREMIER.

DU GROUPE.

De la manière de faire feu et d'utiliser les obstacles du terrain ; règles pour les exercices de combat de deux groupes opposés l'un à l'autre.

L'instruction du groupe consiste d'une manière spéciale à apprendre au soldat à se servir des divers obstacles du terrain et à faire feu avec intelligence. Pour arriver à ce but, il convient tout d'abord d'enseigner au soldat à utiliser le terrain où il manœuvre et à tirer parti des obstacles qu'il y trouve.

Pour qu'il puisse recevoir cette instruction avec fruit, il faut que le soldat connaisse parfaitement la partie du règlement correspondante, c'est-à-dire qu'il soit habitué à se mouvoir et à faire feu en tirailleur ou en peloton compacte, de toutes les manières et dans toutes les circonstances possibles.

Les soldats ne devront jamais s'exposer sans motif au feu de l'ennemi, et profiteront au contraire de tous les accidents du terrain pour se mettre à couvert. De même qu'il y aurait lâcheté à ne point s'exposer quand il le faut, ce serait témérité et grave désobéissance que de le faire sans un ordre supérieur.

Si l'intelligence à savoir se couvrir et profiter des accidents du terrain est chose recommandable, elle ne doit point dégénérer en volonté de se dissimuler en certains moments décisifs, où il faut par-dessus tout renouveler une attaque et brûler le plus de cartouches possibles sans craindre de se découvrir, quand de cette manière on peut mieux ajuster et atteindre l'ennemi.

Les soldats ne tireront qu'à coup sûr et utiliseront le moindre obstacle qui, en les couvrant, leur permettra de faire feu avec calme et sécurité.

Les ondulations du terrain, les plis les moins accentués, les moindres mouvements du sol, *un talus, un mur, une haie, un arbre, un fossé*; servent à préserver des coups de feu de l'ennemi. S'il en est quelques-uns qui n'arrêtent pas les projectiles, ils sont utiles encore en ce qu'ils dérobent à la vue de l'adversaire.

En ordre épars, le soldat s'arrête pour faire feu

derrière l'abri qu'il a choisi, et là, debout, assis, à genoux ou couché, il prend une position commode pour tirer par-dessus la crête de l'obstacle.

Si l'obstacle était trop élevé pour que les hommes pussent faire feu par-dessus la crête tout en étant debout, on cherchera à pratiquer des créneaux, ou encore on construira avec des pierres un gradin assez haut pour arriver à la crête.

Un arbre de moyenne grosseur offre un abri convenable de front, mais défectueux sur le flanc, car le soldat ne peut être que debout, à genoux ou couché, suivant le terrain, et protégé dans une seule direction.

Les fossés parallèles ou même obliques au front de l'ennemi sont d'excellentes défenses. Le soldat y descend et s'y installe comme il lui convient : il doit, toutefois, avant d'y descendre, s'assurer qu'il pourra faire feu et en sortir commodément soit pour marcher en avant soit pour battre en retraite.

Une haie ne préserve pas des projectiles, mais elle cache à la vue de l'ennemi ; le soldat y pratiquera une ouverture pour passer son fusil et faire feu, puis, le coup tiré, il s'écartera à droite et à gauche ou se couchera, car la fumée de l'arme serait une cible pour l'ennemi ; il est nécessaire d'employer les mêmes précautions quand on agit derrière une rangée de vignes basses, des rizières, la lisière d'un bois ou des champs de blé.

La crête d'une croupe est un excellent abri ; le soldat se placera derrière la ligne de faîte, de manière à voir le versant opposé où se tient l'ennemi. S'il est sur un plateau, le soldat disposera de deux crêtes, il se placera derrière celle qui est le plus proche de l'ennemi, de manière à pouvoir l'atteindre. S'il est forcé de battre en retraite, il courra s'aplatir derrière l'autre, de manière à faire feu sur l'ennemi à son débouché sur le plateau.

En pays montueux, il est indispensable d'avoir sur les flancs quelques tirailleurs qui empêchent l'ennemi, favorisé par les accidents du terrain, d'arriver jusqu'à vous à l'improviste.

Dans les pays plats, mais couverts, et où l'œil ne peut aller loin, il sera toujours prudent d'avoir également quelques flanqueurs.

On évitera autant que possible de s'arrêter pour combattre en un lieu parfaitement découvert : s'il y a nécessité à le faire, le soldat se tiendra couché.

Les fossés qui n'ont pas 2 mètres de large peuvent se sauter ; s'ils ont davantage, sans être trop profonds, on y descend pour remonter ensuite sur l'autre bord.

Quand il le faut et pour n'être pas aperçu de l'ennemi, le soldat doit marcher courbé derrière les haies, dans les fossés, les taillis et dans les moissons ; il fera attention à la direction de ces obstacles et spécialement aux talus des fossés, s'il ne veut tomber sans s'en apercevoir aux mains de l'ennemi.

Dans les bois, on prendra position de préférence un peu en arrière de la lisière, de manière à avoir le champ de tir libre. Pour traverser un terrain découvert, on rendra incertain le tir de l'ennemi par des mouvements rapides. A l'exception de ce cas, on emploiera toujours le pas accéléré habituel pour se porter d'une position à une autre.

Dans les lieux habités, on cheminera le long des maisons, et pour combattre on choisira le côté de la rue opposé à celui qu'occupe l'ennemi ; on pourra ainsi riposter à ses feux.

En arrivant à une place entourée de maisons ou à un carrefour de routes, il conviendra, avant de passer outre, de faire reconnaître les diverses issues et de traverser en courant.

Le feu en marchant est d'une efficacité nulle et ne sert qu'à gaspiller les munitions. Pour faire feu le soldat s'arrête et prend la position, il ne doit jamais tirer sans qu'un ordre ou un commandement ne l'y ait autorisé, et il cessera le feu au premier commandement.

Il faut vivement insister sur ce point et faire bien comprendre au soldat que en tirailleurs, l'ordre de commencer le feu donné par le chef du groupe n'exige pas que chaque homme fasse feu même s'il ne voit pas d'ennemi, mais indique seulement que les tirailleurs pourront faire feu quand ils découvriront un adversaire et que le coup aura chance d'être efficace.

L'unique méthode pour contraindre l'ennemi à reculer et à abandonner une position est de l'écraser d'abord sous un feu bien nourri et de l'attaquer ensuite à la baïonnette.

Il convient donc de bien inculquer au soldat que savoir tirer parti du terrain et user habilement de son feu sont les principaux moyens pour vaincre, dans l'attaque comme dans la défense.

Il faut ne se servir de la baïonnette qu'avec beaucoup de prudence et en général en ordre plein, pour parfaire un succès bien préparé par le feu et que, seule, elle peut compléter.

Quand l'attaque est décidée, on la fera précéder d'un feu bien nourri qui ébranlera l'adversaire, puis on se précipitera en avant avec rapidité, énergie et tout l'élan possible.

L'instruction sur le terrain devant être une image la plus réelle possible de ce qui se passe à la guerre, et devant prendre le soldat à l'ABC, il

en résulte que déjà dans l'instruction du groupe
on n'aura pas à sortir des limites de force rationnelle dans lesquelles s'effectue d'ordinaire un combat, ni à habituer le soldat à supposer chez l'ennemi une force qu'il n'a pas ou des mouvements
qu'il ne peut exécuter.

Les groupes opposés l'un à l'autre, quand ils
seront inférieurs à une section, auront un officier
qui ne commandera pas, mais servira d'instructeur.

Il est indispensable que les compagnies aient
un espace suffisant pour manœuvrer et surtout
qu'elles ne se mêlent pas les unes aux autres. De
cette manière, les soldats éviteront toute confusion.

Surtout dans les premières instructions, le soldat a besoin de se recueillir pour arriver à bien
comprendre ce qu'on lui enseigne : ce mélange
de troupes l'embrouille et il finit par s'occuper
beaucoup plus de ce que font les autres que de ce
qu'il devrait faire lui-même.

La partie de la compagnie qui doit demeurer
spectatrice doit être placée de manière à bien voir,
mais elle ne doit point gêner les mouvements des
groupes qui agissent, et surtout occuper une position telle qu'on ne la croie pas le soutien de l'un
des deux partis.

L'exercice du combat de pied ferme est fondamental, car les mouvements d'attaque et de retraite ne sont en somme que des formations de
passage d'une période de ce combat à un autre, il
conviendra donc de le répéter souvent.

Que les gradés de la compagnie remarquent si
chaque soldat ne tire que lorsqu'il voit l'ennemi,
s'il évalue bien la distance et s'il ne se découvre
pas trop en faisant feu. Le meilleur moyen de voir
si un soldat a bien compris ce qu'il doit faire est
d'examiner la manière dont il se placera sur le
terrain sans qu'on le conseille, comment aussi il
fera feu pour la première fois, c'est-à-dire s'il attendra pour tirer qu'il aperçoive l'ennemi ou s'il
fera feu tout d'abord au commandement de *com-
mencez le feu.*

En passant d'un point protégé à un autre également couvert, soit en avant soit en arrière, on
ne fera jamais feu en marchant.

Dans chaque groupe on destinera les meilleurs
tireurs à faire feu sur l'ennemi aux grandes distances aussitôt qu'on l'apercevra dans la zone du
feu.

Il n'est pas nécessaire que tous les soldats d'un
groupe tirent sur quelques tirailleurs ou sur une
petite patrouille envoyée par l'ennemi en reconnaissance. Ce soin sera réservé aux meilleurs

tireurs qui, couchés à plat ventre et aux points les plus favorables, pourront ainsi découvrir et surveiller l'ennemi.

Quand les hommes du groupe, placés de manière à suivre les mouvements de l'ennemi, l'aperçoivent déboucher, ils ne doivent point ouvrir immédiatement le feu, à moins qu'ils ne soient surpris et dans l'impossibilité de l signaler d'autre manière. Dans ce cas, les coups de feu avertissent le poste de la présence de l'ennemi, lui font connaître où il se trouve et par où il avance.

Le but des sentinelles avancées est de découvrir l'ennemi; elles le signaleront au chef de groupe ou au supérieur quel qu'il soit qui les a placées, par un signe visible et convenu d'avance, tel que : mettre la *crosse en l'air*, *le képi au bout du canon*, etc.

Si les sentinelles sont doubles, l'une continue à surveiller l'ennemi, tandis que l'autre va elle-même faire son rapport au chef de poste.

Pour ne point fausser les idées et le jugement du soldat, il convient de choisir des terrains propres au genre d'exercice qu'on se propose d'enseigner, c'est-à-dire favorable à la défensive quand on enseigne à défendre une position, bon pour l'offensive si c'est la manière d'attaquer qu'on veut montrer.

4

Si l'exercice roule sur le mode de défendre une position, la troupe d'attaque se portera au loin, se couchera à terre et ne marchera sur le point à enlever qu'à un signal convenu, tel par exemple qu'à celui d'agiter un mouchoir ou tout autre quel qu'il soit. On répondra de manière à faire entendre que le signal a été compris de telle sorte que toute hésitation ou doute disparaisse au moment d'agir.

Quand on exercera la troupe à l'attaque, on l'arrêtera en un point donné et l'on placera à une certaine distance assez éloignée de la première la fraction destinée à la défense.

Que ce soit l'un ou l'autre parti qui aille choisir sa position, les chefs de groupe devront en parcourant le terrain l'examiner avec soin et s'en faire une idée nette ; arrivés à leur poste, ils indiqueront au soldat la direction que doit suivre l'assaillant : aux défenseurs ils recommanderont de surveiller attentivement le front et les flancs vers lesquels l'ennemi tentera sans doute un mouvement.

Ces instructions préliminaires précéderont tous les exercices quels qu'ils soient. Le meilleur sera de les faire par questions et par réponses simples et faciles ; on habituera ainsi le soldat à réfléchir et à voir par lui-même ce qu'il a à faire.

Quand la fraction qui a le plus de chemin à

faire aura atteint son poste, l'officier dirigeant la manœuvre donnera le signal, et le commandant de la compagnie fera ce qui a été convenu pour commencer l'action.

A ce moment le groupe assaillant se portera sans hésitation à la première position choisie, et de là ouvrira sur les défenseurs un feu calme et bien ajusté.

C'est au commandant de la compagnie et aux officiers subalternes de s'assurer si *assaillants* et *défenseurs* se dissimulent bien et règlent convenablement leurs feux.

Cette vérification faite, le commandant de la compagnie donne l'ordre à l'assaillant de prendre une position plus en avant, d'où il ouvre de nouveau le feu. Ces opérations se continuent ainsi lentement et petit à petit de position en position.

Le passage d'un point occupé à un autre doit s'exécuter avec précaution, et en se couvrant le mieux possible, et cela d'autant qu'on est plus près de l'ennemi (1).

Dans les premiers exercices, le capitaine arrête

---

(1) L'occupation sous le feu des points intermédiaires se rapprochant de plus en plus de la position à enlever, constitue une des parties les plus délicates de l'attaque d'un point quelconque. Nous rappellerons à ce sujet le remarquable ordre du jour du prince Humbert pour les troupes de Somma, en 1872, et nous y renvoyons nos lecteurs (De L. S.)

les combattants à 100 mètres les uns des autres.
Après avoir reconnu que les choses se passent avec
ordre et régularité, il ordonne aux défenseurs de
se retirer. L'assaillant ne s'est pas plus tôt aperçu
de cette retraite qu'il s'élance pour occuper la position abandonnée et de là commence aussitôt le feu
pour inquiéter l'ennemi dans son mouvement en
arrière; ce moyen de poursuite est bien supérieur à celui qui consiste à lui courir sus, en désordre.

Ceci fait, on prend d'autres positions plus avancées encore, mais tout en se couvrant, en demeurant en ordre et en ne marchant que graduellement
de position en position, de manière à n'avoir point
à craindre de retours offensifs.

Ces exercices doivent aller progressivement, du
facile au difficile : on les répétera souvent sur des
terrains variés.

Les premières instructions finiront à l'occupation de la position. Dans les suivantes seulement
on habituera les soldats à la poursuite, comme il a
été dit plus haut, poursuite faite soit par l'assaillant
si l'attaque réussit, soit par la défense si l'assaut
est repoussé.

Cette instruction s'exécutera tout d'abord avec
un petit nombre d'hommes de chaque côté (pas
moins de six files).

Les groupes ainsi formés seront placés l'un face à l'autre, à 600 mètres au moins, distance à peu près moyenne pour la portée du fusil se chargeant par la culasse et pour la probabilité de pouvoir commencer le combat.

La manœuvre finie les files exercées seront remplacées par d'autres, jusqu'à ce que toute la compagnie y ait passé.

Pour éviter que dans ces manœuvres successives le soldat prenne les mêmes positions que celui qui l'a précédé, on changera de terrain ou tout au moins de front.

Il sera bon d'habituer la défense à choisir, avant de commencer l'action, un *réduit* qu'on indiquera au défenseur.

Pour éviter l'indécision et l'hésitation, le chef du groupe expliquera à ses soldats le but qu'il se propose. On obtiendra ainsi de l'ensemble et de la résolution dans les mouvements, qui s'exécuteront avec d'autant plus de facilité

Pour que chaque parti ne sache point où est placé son adversaire, il est absolument indispensable que les officiers qui surveillent et dirigent l'instruction, comme aussi les sous-officiers commandant les groupes, se tiennent cachés à la partie adverse et qu'ils ne se montrent point en corrigeant les positions.

L'instruction appliquée au terrain est utile et salutaire pour tous ; elle oblige à raisonner, à chercher le pourquoi, force à penser et à réfléchir.

L'officier cherchera des idées et des combinaisons tactiques suivant le terrain sur lequel il opère: ce terrain, il l'aura au préalable étudié et analysé ; le soldat est contraint à son tour de savoir la raison des mouvements exécutés : cette connaissance facilitera l'éxécution·de diverses manœuvres.

Les officiers laisseront aux chefs de groupe la plus grande latitude dans le choix des positions et la manière de les occuper ; on les habituera ainsi à agir avec discernement, et ils apprendront à conduire leur groupe avec intelligence.

Ces règles doivent être considérées comme un code approché des lois à suivre pour instruire le soldat. Elles ne peuvent constituer une méthode invariable pour tous les cas où le soldat peut avoir à combattre.

Des prétentions contraires, tout en dénotant une pédanterie peu commune, seraient fort préjudiciables au développement de l'instruction , en la restreignant à certaines lois immuables et nécessairement bornées.

EXEMPLES DE THÈMES PRATIQUES

POUR L'INSTRUCTION DU GROUPE.

Thème premier.

Attaque et défense de front.

Ce thème enseigne aux soldats à choisir sur le terrain une position où ils seront bien dérobés à la vue de l'ennemi et de laquelle ils pourront battre le terrain en avant d'eux.

Thème deuxième.

Défense d'une position de front et de flanc.

Ce thème sert à prouver que lorsque l'ennemi cherche à faire une pointe sur un des flancs, l'on ne doit pas céder sur-le-champ le terrain. Souvent, au contraire, on pourra mettre l'agresseur dans une position difficile et l'obliger à se retirer, soit en repliant à temps une de ses ailes, de manière à former coin, soit en faisant un changement de front à pivot fixe.

Thème troisième.

Attaque de front et de flanc d'une position.

On démontre dans ce thème que rarement l'on doit attaquer une position seulement de front, qu'il convient d'arriver sur le flanc du défenseur en profitant des accidents du terrain et chercher à obtenir un feu de flanc efficace et puissant qui oblige la défense à abandonner sa position.

Souvent, en attaquant sur le flanc, on néglige absolument l'attaque de front.

C'est évidemment une grande erreur; l'attaque de flanc perd alors sa valeur et n'atteint plus son but : ce n'est plus, en réalité, qu'un simple changement de front.

Thème quatrième.

Attaque d'un petit poste; l'assaillant se replie.

Ce thème établit : 1° comment, avec de bonnes dispositions prises à temps, le défenseur d'une position peut repousser une attaque ; 2° quelle imprudence il y aurait à abandonner cette position pour poursuivre l'assaillant, la défense devant se borner à arrêter l'agresseur sans le poursuivre autrement que par son feu.

Thème cinquième.

Une patrouille moyenne attaque une petite patrouille au repos et se gardant ; elle la contraint à se retirer.

Ce thème sert à apprendre aux soldats à se couvrir en marchant, et à chercher des positions de plus en plus proches de l'ennemi, de manière à accumuler sur la position défendue la quantité de feu maxima et forcer ainsi la défense à l'abandonner.

Il sert également à enseigner aux sentinelles d'avant-postes à porter un renseignement ou à signaler l'ennemi.

Thème sixième.

Rencontre de deux patrouilles moyennes.

Ce thème enseigne la manière dont doivent marcher et se garder les patrouilles, la façon dont elles ont à explorer le terrain, comment, lorsque le combat est inévitable, on doit résolûment prendre l'offensive.

CHAPITRE DEUXIÈME.

COMBAT DE DEUX SECTIONS OPPOSÉES L'UNE A L'AUTRE.

Dans ces exercices les chefs de section et de groupe apprendront à manier leur troupe au feu en se servant de tous les accidents du terrain ; ces soldats apprendront à combattre réunis en section.

La section est une fraction trop petite pour se trouver souvent dans le cas d'exécuter seule l'attaque ou la défense d'une position.

Dans les exercices de sûreté des troupes en campagne on emploie la section pour de fortes patrouilles, pour explorer le front des avant-postes et les localités suspectes, ou pour fournir une grand'garde dans le service des avant-postes.

Comme dans l'un et l'autre cas la section peut être attaquée, comme elle peut même prendre l'offensive dans le premier, il est indispensable de lui apprendre à combattre en ordre épars, cette formation étant la plus favorable pour une petite troupe, qu'il s'agisse d'offensive ou de défensive.

Pour la manière de combattre, la section exécute

ce qui a été enseigné au groupe. Elle se conforme aux mêmes régles et aux mêmes prescriptions générales, tout en laissant aux divers petits groupes qui la constituent, la plus grande indépendance d'action pour tirer parti des obstacles que présente le terrain. Le chef de la section demeure maître, bien entendu, de diriger et de surveiller ce choix des positions. Il est indispensable, pour qu'il n'y ait dans les mouvements de section ni trouble, ni difficultés, ni désordres, que les chefs de groupe sachent parfaitement les diriger.

Le but spécial de cette instruction est donc d'enseigner à la section à combattre isolément et de la préparer à manœuvrer et à combattre en parfaite connaissance de cause quand elle tiendra sa place dans la compagnie.

Pour que cette instruction soit aussi profitable que possible, on choisira d'abord un terrain facile, puis plus difficile, d'abord accidenté, puis couvert et montueux, et cela graduellement, de telle sorte que chacun comprenne et apprenne autant qu'il le peut.

Le capitaine partage la compagnie en deux sections ; il peut les prendre inégales s'il veut que la supériorité d'une d'elles apparaisse dans la solution du problème tactique à résoudre : chaque section **sera sous le commandement d'un officier subalterne.**

Le capitaine explique à ces officiers ce qu'il aura à faire suivant le thème à exécuter. Il donnera un point de direction pour le combat, par exemple une *maison, la crête d'une colline, un gros arbre* ou toute autre indication pouvant être facilement vue de loin. Les chefs de section indiqueront ce point à leurs sous-officiers et caporaux, qui le feront voir à leur tour aux soldats. Dès lors, ceux-ci sauront se diriger, ne pourront plus se perdre ou s'égarer; les deux partis opposés connaîtront leur direction et ne courront point la chance de ne se pas rencontrer, ce qui ferait manquer le but de la manœuvre.

Le capitaine indique secrètement à chaque chef de section la position qu'il doit occuper, soit pour la défense, soit pour l'attaque, soit encore qu'il doive faire des patrouilles entre deux lignes de petits postes, au signal convenu pour commencer l'opération prescrite.

Le chef de section chargé de défendre une position, y déploie un groupe ou deux et tient le reste en soutien, massé et couvert derrière un pli de terrain ou un obstacle quelconque ; si le terrain est plat et absolument sans abris, il fait coucher sa troupe.

Les chefs des groupes déployés doivent veiller à

bien placer leurs hommes : le chef de section rectifie ce placement.

Quand le terrain est si couvert et si accidenté qu'on ne puisse voir à plus de 600 mètres, on placera un soldat intelligent dans une position avancée bien choisie. Il signalera l'ennemi dès qu'il le découvrira ou bien il se repliera au pas de course pour annoncer de vive voix ce qu'il a vu. Dans ce cas un autre soldat devra occuper le poste de découverte, de telle sorte que l'ennemi soit sans cesse observé.

En défendant une position on tiendra compte des localités voisines qui, occupées par l'ennemi, nuiraient à la défense ; on se gardera de tomber dans le défaut contraire et de trop disséminer ses forces pour vouloir trop embrasser. En principe les fractions détachées devront toujours demeurer sous la protection efficace de la position centrale dans la défense et de la colonne principale dans l'attaque.

De son côté l'assaillant cherchera à occuper les positions pouvant faciliter le succès de son opération.

Pendant la manœuvre le capitaine fera souvent sonner le signal d'interruption donné dans les *prescriptions générales* pour suspendre l'action de l'un **et de l'autre** parti ou pour la reprendre : il habituera ainsi ses hommes à obéir promptement. Il fera ensuite sonner l'*assemblée* pour indiquer la fin de l'exercice.

Il dirigera et survcillera attentivement les phases du combat, résoudra les points douteux, laissant pourtant dans les cas ordinaires la plus grande liberté d'action aux divers chefs de groupe ; il exercera enfin les fonctions de juge du camp, en faisant attention à tout ce qu'on en a dit dans les *prescriptions générales.*

La section isolée, alors qu'elle s'apprête à combattre, laissera toujours un soutien derrière elle.

Les intervalles entre les groupes déployés peuvent être plus ou moins grands ; ils ne doivent pas être tels cependant que les groupes ne puissent plus se porter un mutuel secours.

La position des groupes devra toujours être choisie de manière à pouvoir faire des feux efficaces.

La distance entre les groupes déployés et le soutien varie suivant le terrain et les circonstances : en principe elle doit être telle que le soutien puisse se porter promptement au secours de la ligne. Dans les terrains très-couverts et spécialement dans les bois, les soutiens seront toujours fort près des lignes déployées. Ils doivent en effet non-seulement pouvoir soutenir à temps les tirailleurs, mais encore ne point les perdre de vue. De cette manière ils ne s'égareront point et protégeront mieux les flancs contre une pointe ou une surprise de l'ennemi.

Le soutien fait partie intégrante de la troupe déployée qui combat ; il doit au besoin renforcer la ligne, la soutenir et protéger sa retraite.

Le soutien renforce ou protége la ligne déployée en se portant en ligne en *ordre plein* pour occuper un point important menacé ou pour concentrer un plus grand nombre de feux sur une position donnée. Il peut aussi se déployer sur une des ailes de la ligne si elle a besoin de renfort pour résister à un mouvement tournant ; il peut tenter à l'improviste une pointe sur le flanc ou les derrières d'une position qu'il s'agit d'enlever ; il protége la retraite en occupant en ordre plein ou déployé, derrière ou sur le flanc, un point favorable d'où il puisse arrêter l'ennemi par un feu efficace ; enfin il se déploie derrière la ligne dans une position favorable pour ouvrir le feu aussitôt que la première ligne l'a démasqué.

Le soutien s'utilise pour opérer des retours offensifs ; on le cache, quand le terrain s'y prête, dans une bonne position sur le flanc de l'assaillant : on reçoit alors celui-ci à courte distance par un feu d'enfilade bien nourri. On profite dans cet instant de l'effet de cette fusillade et l'on s'élance sur lui à la baïonnette.

Le soutien agit encore sur le flanc de l'adversaire quand les groupes ennemis, en battant en retraite, s'apprêtent à occuper une position défensive où ils puissent organiser une vive résistance : le soutien cherche alors à les déconcerter et à les arrêter dans leur opération.

Il concourt aux attaques de front en renforçant la ligne, ou mieux encore en faisant sur le flanc ou sur les derrières de la position défendue une diversion offensive, soudaine et vigoureusement menée.

Les chefs de section envoient leurs ordres aux chefs des groupes éloignés et les donnent de vive voix à ceux qui sont près. Ils ont soin de choisir pour eux-mêmes des positions telles qu'ils puissent surveiller l'ensemble de leurs hommes dans les divers mouvements. Dans les terrains accidentés ils conviennent avec leurs chefs de groupe de signes conventionnels bien visibles pour communiquer leurs ordres.

Les chefs de section ne doivent jamais détailler à leurs chefs de groupe le mouvement qu'ils auront à accomplir ; ils se borneront à leur donner l'ensemble des opérations, le but vers lequel on tend, laissant à leur intelligence et à leur initiative le choix du moment où l'on devra passer d'une position à une autre.

Les chefs de section doivent veiller constamment à ce que l'on observe le plus grand ordre dans les groupes, à ce que les chefs de groupe se servent pour commander des commandements réglementaires et à ce qu'ils fassent exécuter les mouvements sans précipitation, au pas accéléré, n'employant le pas gymnastique que dans des cas exceptionnels.

On évitera d'une manière absolue ces criailleries perpétuelles qui, sous prétexte de reprendre les mouvements mal faits, ne servent qu'à confondre sans utilité et gradés et soldats, qu'à faire perdre en partie le fruit de l'instruction et à détruire le plus souvent l'ensemble et le bon résultat de l'opération.

EXEMPLES DE THÈMES

Thème premier.

*Attaque infructueuse d'un petit poste par une grosse
patrouille ; l'assaillant se replie.*

Emploi du soutien pour repousser l'attaque.

Thème deuxième.

*Attaque par une forte patrouille d'une autre forte pa-
trouille au repos et se gardant ; la défense se replie.*

Emploi du soutien pour rendre l'attaque décisive.

Thème troisième.

*Rencontre de deux grosses patrouilles A et B en marche
(reconnaissance). La patrouille B se replie repoussée par
des forces supérieures.*

Thème quatrième.

*Attaque par une grosse patrouille d'une patrouille
[moyenne au repos et se gardant.*

Quoique supérieur en force, l'assaillant se retirera devant
les dispositions de la défense excellentes par elle-même et
favorisées encore par le terrain.

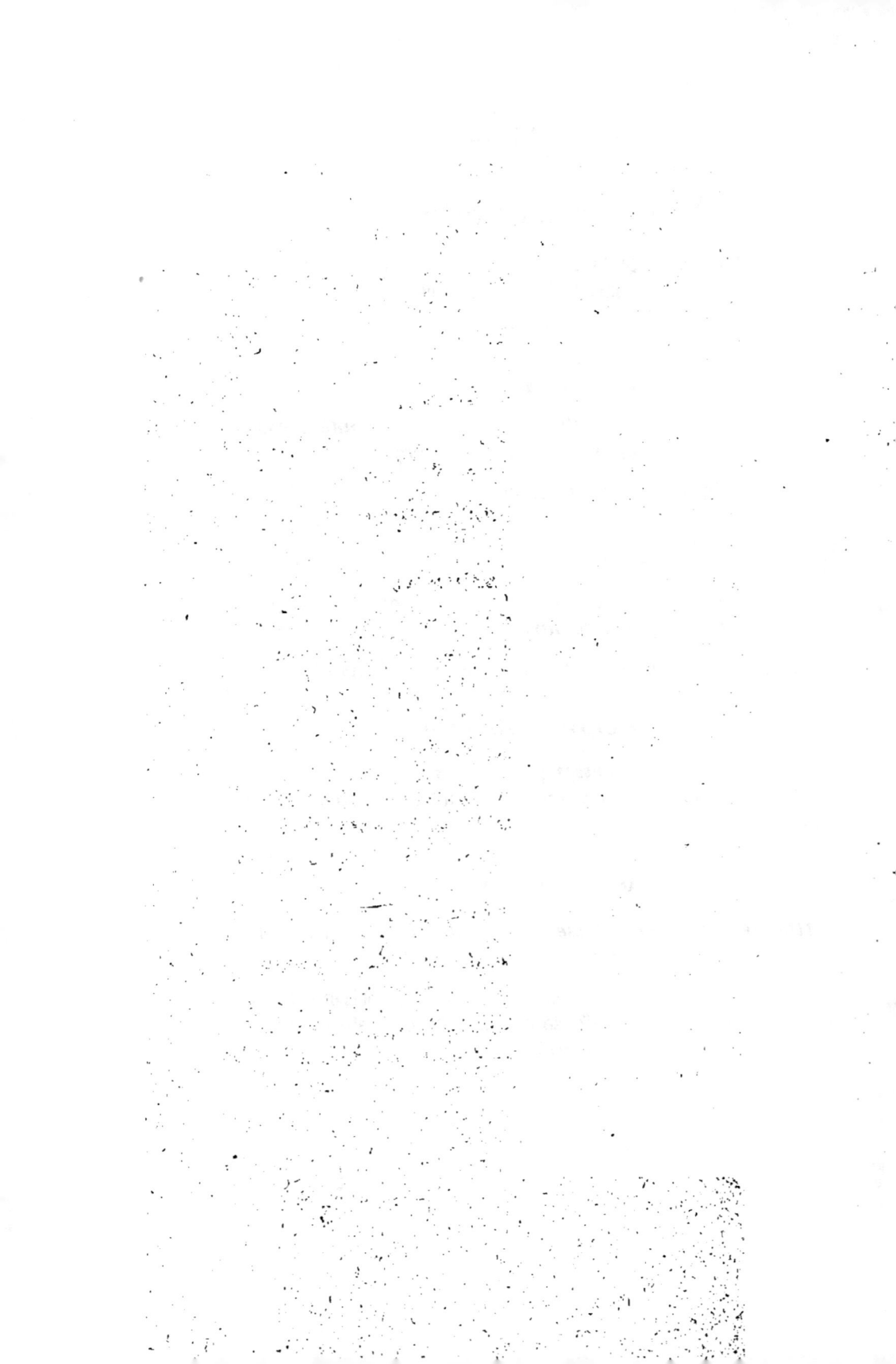

DEUXIÈME PARTIE

EXERCICES DU DEUXIÈME DEGRÉ

CHAPITRE PREMIER.

COMPAGNIES.

Règles pour les manœuvres, sur le terrain, de deux compagnies opposées l'une à l'autre.

Les exercices de compagnie servent surtout à apprendre aux officiers subalternes à conduire leur section avec discernement et jugement ; ils développent en eux l'habileté du commandement ; grâce à eux, ces officiers pourront, à la tête d'un peloton agissant isolé ou dans un bataillon, exécuter avec une perfection et un développement uniformes, ces grands mouvements d'ensemble qu'on doit parfois exécuter, soit dans les manœuvres sur le champ de bataille, soit dans le combat lui-même.

La plus petite fraction d'infanterie qui ait une organisation à elle est la compagnie : à la compagnie s'appliquent pour l'ensemble de plusieurs groupes ou sections les lois fondamentales et les principes déjà prescrits dans les exercices du premier degré.

A ce point de vue l'enseignement tactique appliqué au terrain d'une compagnie d'infanterie n'est autre que la répétition de ce qui a été dit pour le groupe et la section avec certains développements, eu égard à l'augmentation de la fraction à instruire, mais d'après une direction invariable et constante.

La compagnie est destinée à agir en *ordre plein* et en *ordre épars;* il faut donc qu'elle puisse manœuvrer et combattre de ces deux manières sans se laisser désagréger ou mettre en désordre soit par les difficultés du terrain, soit par le feu de l'ennemi.

D'ordinaire, la compagnie qui combat en ordre plein le fait comme fraction importante du bataillon, c'est-à-dire de l'unité tactique de manœuvre et de combat en ordre plein.

La compagnie isolée est l'unité tactique de l'ordre en tirailleurs.

Dans le premier cas, la compagnie, suivant les circonstances et les besoins, suivant que les opérations l'exigent, agit comme fraction du bataillon, mais elle reste intimement unie à lui; nous reviendrons sur cette manière de manœuvrer et de combattre quand nous parlerons des exercices tactiques appliqués au terrain du bataillon en *ordre plein* ou *mixte.*

Dans cette première partie nous traiterons de la façon de manœuvrer et de combattre de la compagnie isolée.

Pour définir et établir d'une façon rationnelle ce que nous allons dire, il convient d'analyser en détail les circonstances dans lesquelles une compagnie peut combattre isolément ou, pour mieux dire, les services auxquels est appelée la compagnie isolée en temps de guerre ; de ces considérations on pourra conclure facilement les cas où la compagnie peut arriver à combattre seule.

En étudiant le service de sûreté des troupes en marche, on voit que la compagnie est à tout instant appelée à former l'avant-garde d'un bataillon qui marche en avant, l'arrière-garde d'un autre qui bat en retraite, l'extrême avant-garde ou arrière-garde d'un bataillon qui est lui-même bataillon d'avant-garde ou d'arrière-garde d'un régiment d'infanterie, d'une brigade ou même d'une division. Elle sera toujours en pareil cas la première à aborder l'ennemi et à soutenir le feu.

Dans le service des avant-postes, la compagnie constitue la grand'garde et les petits postes (1)

---

(1) *Petit poste* est ici pris dans le sens de réunion de plusieurs hommes, escouade ou demi-escouade, et ne veut point dire la réunion *de deux hommes*, comme il commence à s'entendre aujourd'hui d'après Waldersée. De **L. S.**

qui en dépendent; elle peut également être employée pour attaquer une maison ou un poste isolé quelconque, ou bien encore pour exécuter des reconnaissances sur le front des avant-postes.

Après avoir examiné les occasions que peut rencontrer une compagnie de combattre isolément, nous dirons comment elle doit se comporter, suivant le terrain et les circonstances.

Quand une compagnie isolée est contrainte à commencer une action, elle sera forcée dans la plupart des cas de combattre en ordre épars pour tirer ainsi tout le parti que peut lui offrir le terrain.

On déploiera alors le nombre de sections que l'on croira nécessaire (1) et l'on tiendra les autres en réserve. — Les unes et les autres se comporteront alors comme dans les manœuvres et dans les combats de groupes et de sections.

Le commandant de la compagnie appliquera également dans la direction les règles et les principes donnés pour l'instruction des groupes et de la section.

Chaque chef de section conservera son indépendance d'action dans les limites de la zone où il

---

(1) Qu'on n'oublie pas que c'est la compagnie italienne qui ici est en jeu.

combat; il peut ouvrir ou serrer les intervalles entre les groupes sous son commandement, faire commencer le feu, le faire cesser. Il devra néanmoins se régler sur les sections qu'il a à sa droite et à sa gauche, et ne point laisser entre elles et lui des intervalles tels que l'ennemi puisse tenter sur ses groupes des attaques de flanc.

Pour ne pas perdre le fruit de ce que l'on apprend au soldat dans l'instruction du groupe, il convient, dans les exercices de compagnie, de maintenir dans leur intégrité et leur invariabilité les principes fondamentaux réglementaires qui servent de base à toute manœuvre, quels que soient les cas et les circonstances.

Ces principes sont les suivants : unité et ensemble dans les mouvements, se couvrir en marchant, profiter de tous les accidents du terrain, enfin manœuvrer sans hésitation et résolûment chaque groupe à la voix de son chef.

Si l'on doit faire feu en avançant ou en retraite, marcher ou reculer à la voix du chef de groupe, en occupant des positions successives, demeurer toujours reliés les uns aux autres et avec les groupes voisins, de manière à pouvoir se soutenir réciproquement par des feux en échelons, soit en avançant, soit en retraite.

Dans chaque groupe les hommes ne doivent pas

marcher en avant ou en retraite tous ensemble, mais successivement. De cette manière, ils ne seront jamais exposés ensemble à une attaque ou à un feu soudain de l'ennemi.

Dans le combat en ordre épars, il n'est plus question de conserver une formation préétablie : il faut avant tout se régler sur les circonstances et le terrain. La liberté d'action donnée aux chefs de section et de groupe, à chacun dans sa sphère, ne devra donc jamais être limitée par des dispositions arbitraires en dehors de celles dont nous avons parlé. De cette manière, on n'enlèvera rien à cette initiative qui, une fois définie, doit rester intacte pour chaque commandant de subdivision.

Les commandants de compagnies opposées l'une à l'autre feront, de temps en temps et quand ils le jugeront convenable, exécuter des attaques à la baïonnette. Ils useront cependant de ce mode de combat avec la plus grande modération et avec clairvoyance, car en tentant de front de telles attaques sur un ennemi armé du fusil à tir rapide, on s'expose à de graves pertes éprouvées parfois sans aucun bon résultat.

L'attaque à la baïonnette aide à parfaire le succès préparé par le feu ; mais c'est une erreur de croire qu'on pourra l'obtenir sans lui ; exécutée

mal à propos, précipitamment et pas assez préparée, elle peut amener des défaites et des dé-
bâcles.

L'effet de l'attaque à la baïonnette, on l'a dit
déjà dans l'instruction du groupe, consiste dans
le choc et dans l'effet moral d'une masse se préci-
pitant sur l'ennemi avec animation et élan ; pour
obtenir de ce genre de combat le maximum d'effet, il convient donc en général de le tenter en
ordre serré.

On emploie d'ordinaire pour les attaques à la
baïonnette les *soutiens*, qu'on fait appuyer par les
sections déployées, qui doivent alors se rallier et
charger en un seul groupe compacte à côté du soutien qui marche déjà à l'attaque en ordre serré.

Il arrive souvent à la guerre qu'on ait à franchir
un défilé soit en retraite, soit dans la marche en
avant. Il faut donc que les hommes soient bien
exercés à de telles opérations.

Si l'on a un défilé à franchir, les groupes
déployés le traversent les premiers et au pas gymnastique. Les tirailleurs qui se sont réunis au
moment du passage reprennent leurs distances à
la sortie et ouvrent les intervalles en laissant le défilé
assez loin derrière eux pour bien le couvrir et permettre au soutien de le franchir en ordre plein et
de prendre position à sa sortie.

Quand les flancs du défilé sont praticables, les
pelotons déployés suivent ces flancs : le soutien
passera encore par la gorge et prendra à son débouché une position convenable qu'il conservera
jusqu'à ce que les tirailleurs aient gagné assez de
terrain pour qu'il n'ait plus rien à craindre.

Le passage d'un pont sous le feu de l'ennemi
est une opération fort difficile et même dangereuse ;
on la préparera donc en déployant à droite et à
gauche du pont, couvertes quand il se peut le long
de la rive, deux sections qui par un feu bien soutenu permettront au soutien de franchir le pont à
la course. Le soutien occupera alors sur l'autre rive
une position d'où il pourra à son tour par une
fusillade nourrie protéger le passage des groupes
déployés qui traverseront le pont en courant et
iront reprendre leurs intervalles en tirailleurs pour
couvrir de nouveau le soutien qui gardera sa position
en arrière de la ligne.

Dans le passage en retraite d'un défilé ou d'un
pont, le soutien prend une bonne position au débouché ou sur l'un des côtés du pont et s'y maintient
par un feu bien dirigé. Pendant ce temps les fractions déployées passent le pont et s'échelonnent
ensuite soit dans le défilé, soit sur les bords de la
rivière, de manière que le soutien puisse battre à
son tour en retraite en ordre et sans confusion.

Il est indispensable que les commandants des compagnies se tiennent dans une position centrale de manière à diriger l'action : les chefs de section devront également choisir un poste favorable pour surveiller les mouvements de leurs groupes.

Pour abandonner une position attaquée par l'ennemi il ne suffit pas que celui-ci commence à la tourner, mais il faut qu'il ait assez développé son mouvement et accentué son attaque enveloppante, pour que la position soit absolument intenable : il sera temps alors de battre en retraite.

La troupe qui bat en retraite doit toujours avertir à temps le commandant de la compagnie et même les autres fractions qui combattent avec elles, afin que celles-ci ne se trouvent point tout d'un coup en l'air et puissent se couvrir à temps.

Il faut absolument que tous les mouvements s'exécutent en ordre, sans confusion et au pas accéléré : on emploiera la course ou le pas gymnastique par exception pour aller soutenir un point sérieusement menacé ou pour traverser un terrain découvert et fortement battu par le feu de l'ennemi. Jamais on n'abandonnera une position en courant, mais en combattant pied à pied, par groupes échelonnés et ne se retirant que les uns après les autres.

Une course continuelle fatigue inutilement la

troupe et fait perdre ce calme partout et toujours si
nécessaire.

Quand une section bat en retraite, la section
voisine ne doit pas, sans ordres, suivre le mouvement, mais chercher au contraire par toutes sortes
de moyens à donner le temps à la section repoussée de prendre en arrière une bonne position d'où
celle-ci pourra à son tour soutenir la retraite : la
section en position manœuvrera de manière à ne
pas gêner les feux de la section en retraite.

En se repliant il ne faut pas que les sections
s'arrêtent à tous les plis de terrain qu'elles ren-
contrent. Une retraite se soutient beaucoup mieux
en prenant à une distance plus éloignée mais convenable une position favorable ; là, les troupes
auront le temps de se refaire et de se reconnaître
plus à leur aise que si l'assaillant les suit de trop
près. Par contre, ces positions plus éloignées se
disputeront avec plus d'acharnement, de manière
à donner aux fractions qui continuent la retraite,
le temps de prendre à leur tour une bonne position plus en arrière.

Il est absurde de vouloir indiquer à l'avance toutes
les positions successives que devra occuper une
troupe en retraite. Il vaut beaucoup mieux expliquer
tout d'abord aux chefs de section comment on entend
que soit déroulé le thème et en se réservant d'or-

donner suivant les cas et les circonstances les divers mouvements à exécuter. On laissera aux chefs de section les choses de détail qui regardent les mouvements partiels des groupes et qui n'ont que peu d'influence sur la conduite générale du combat.

Avant d'engager l'action, le commandant de la compagnie réunira ses chefs de section et leur donnera ses ordres et ses dispositions, dispositions prises d'après le thème qu'il aura lui-même reçu et qu'il leur communiquera. Il s'efforcera d'être clair et concis, leur signalera les points sur lesquels ils devront particulièrement porter leur attention, de manière à donner de l'ensemble aux diverses opérations qui doivent conduire à bien le mouvement général.

Cela fait, le commandant de la compagnie laisse toute liberté d'action à ses chefs de section, dans la limite cependant de ses instructions. Dans le cours de l'action il leur envoie les indications ou les ordres qui peuvent les guider pour l'ensemble des opérations et du combat, il les leur donne de vive voix, s'il est près d'eux. Il s'abstient de leur indiquer chacun des mouvements à exécuter, toujours d'après ce principe fondamental, que chacun doit avoir dans sa sphère une initiative limitée parfois, mais toujours intelligente.

Corriger à chaque instant les mouvements de détail peut tout au plus donner un certain ensemble apparent, résultat sans valeur dans le combat en ordre dispersé, d'autant plus que ces instructions de détail ont dû être données déjà avec grand soin en enseignant la théorie sur le champ de manœuvres. Une telle manière de faire ne développerait point les jugements des commandants de groupe et ne donnerait point à la troupe cette confiance qu'elle doit avoir et en elle-même et en ses chefs immédiats. Donc, le commandant de la compagnie attendra le repos et la fin de la manœuvre pour faire remarquer à ses officiers les erreurs commises ; il leur expliquera d'une façon bien rationnelle les funestes conséquences résultant de ces erreurs dans un combat véritable.

Ajoutons enfin, pour supprimer toute cause de malentendu, que le commandant supérieur qui dirige l'opération a toujours le droit de suspendre le combat pour rectifier sur-le-champ des erreurs qui pourraient engendrer la confusion, ou produire de mauvais résultats. Ces suspensions subites habitueront également la troupe à interrompre le combat en quelque cas que ce soit, et d'une façon soudaine.

Ces considérations et ces règles générales se confondent avec celles que nous avons à donner pour plusieurs compagnies : nous n'avons plus qu'à ajouter quelques prescriptions pour le combat, sur le terrain, de deux compagnies opposées l'une à l'autre.

Le thème pour une manœuvre de combat entre deux compagnies opposées l'une à l'autre sera donné par le chef du bataillon et par écrit. Suivant le genre de l'opération il sera remis aux intéressés plusieurs heures avant le commencement de l'action, ou seulement au moment du départ.

Le thème écrit comprend trois parties :

L'*hypothèse* indique la situation mutuelle des deux partis.

Le *plan* énonce l'opération à exécuter et le but à atteindre.

Les *prescriptions* déterminent le lieu et la conduite générale de l'action , la position à prendre par chacun des combattants, le commencement de la manœuvre, et les circonstances particulières qui peuvent exercer une influence déterminée sur l'un ou l'autre parti.

Pour éviter qu'on ne donne au combat un développement exagéré pour les forces des combattants, il sera bon de déterminer à l'avance et de bien circonscrire le terrain que ne pourront dépasser les deux partis. Les commandants de compagnie feront également bien d'indiquer le point où devra converger l'attaque et le lieu de ralliement en cas d'échec.

Munis de cartes topographiques, les commandants de compagnie prendront ensuite position à l'heure fixée aux divers points qu'on leur aura fixés ; puis au signal convenu ils commenceront l'attaque, se disposeront pour la défense, feront en un mot ce que leur commande le thème spécial qu'ils ont reçu du chef de bataillon.

Le chef du bataillon commence par s'assurer que les deux troupes opposées occupent chacune leurs positions respectives et, cela fait, donne le signal pour commencer l'opération. Il ne s'en tient point là, mais conserve la direction générale de la manœuvre et les fonctions de *juge du camp :* il se rend un compte minutieux de chaque chose et, quand il le peut sans engendrer du retard ou de la confusion, il corrige les erreurs commises, une fausse direction donnée, un mouvement mal combiné.

Toutefois, la manœuvre étant commencée, le chef du bataillon laisse aux capitaines la plus grande liberté dans le développement et l'exécution du thème et il n'intervient, comme nous l'avons dit plus haut, que si l'action s'éloigne de l'hypothèse donnée ou si la confusion, de fausses manœuvres, des désordres sont imminents.

Quand les compagnies ne seront point assez fortes pour former quatre sections (1), on réunira deux compagnies en une seule ; de cette manière le bataillon ne se composera que de *deux* compagnies, opposées l'une à l'autre. Quand dans l'hypothèse l'un des partis devra être numériquement supérieur à l'autre, le chef de bataillon partagera son bataillon en deux fractions inégales, destinant l'une ou l'autre à l'attaque ou à la défense, d'après les suppositions faites dans le thème et la vraisemblance de ce qui se passerait en campagne.

En manœuvrant en temps de paix avec de fortes compagnies, les officiers et la troupe s'habituent à combattre comme ils le font à la guerre (2) c'est-à-dire en unités considérables.

Il est indispensable qu'avant de sortir pour n'importe quelle manœuvre les troupes soient nu-

---

(1) On sait que le bataillon italien comprend 4 compagnies divisées chacune en 4 pelotons ou sections. La compagnie a, en temps de paix, 100 hommes et 4 officiers ; en temps de guerre, 200 hommes et 5 officiers. De L. S.

(2) Il nous semble qu'on ne saurait trop insister sur l'importance de cette remarque. Rien n'est nuisible, selon nous, au coup d'œil de l'officier et à son instruction dans le commandement, comme la faiblesse des pelotons avec laquelle on manœuvre chaque jour dans nos régiments. Nous connaissons des corps où l'on fait toute l'année l'école de bataillon avec des compagnies de douze files. De L. S.

6

mérotées et formées en sections et escouades et
que les chefs respectifs de ces sections ou escouades
se fassent connaître d'elles.

Le capitaine formera sa compagnie, puis réunira
ses officiers, et leur communiquera ses instructions. Il pourra également leur donner alors lecture
du thème qu'il a reçu et y joindre toutes les
recommandations nécessaires à la bonne exécution
des ordres donnés.

Les chefs de section en feront autant avec leurs
chefs de demi-sections et d'escouades : ils leur
répéteront les instructions reçues et les détaille-
ront d'une façon plus minutieuse encore de manière
à être bien compris de tous.

Quand la compagnie sera arrivée sur le terrain,
le capitaine réunira encore une fois ses officiers
pour leur donner des ordres, placer chacun à son
poste conformément à la configuration du terrain
et à la manière de conduire l'opération.

La troupe, bien divisée et formée en chacune de
ses diverses subdivisions, est toujours prête à combattre. Point fractionnée, elle est en désordre dès
les premiers coups de feu.

Ce que nous disons là est ordonné par le *Règlement sur les manœuvres ;* mais nous avons cru bon
de le répéter en le recommandant vivement. Trop
souvent on l'a oublié sans penser aux funestes

conséquences qui peuvent dériver d'une telle inadvertance.

Et nous ajouterons que cette prescription n'est point indispensable seulement pour les manœuvres de compagnie à compagnie, mais aussi et peut être davantage, dans celles de bataillons, de régiments, de brigades, combattant les uns contre les autres.

EXEMPLES DE THÈMES.

EXERCICES PRATIQUES DE COMBAT POUR DEUX COMPAGNIES OPPOSÉES L'UNE A L'AUTRE.

Thème premier.

Attaque et défense d'une grand'garde. L'assaillant se replie.

Thème deuxième.

Rencontre de deux compagnies dont l'une est au repos e se garde. L'attaque réunissant la compagnie au repos se replie.

Thème troisième.

Attaque d'une position boisée et accidentée. L'assaillant est repoussé et poursuivi.

Thème quatrième.

Attaque et défense d'une maison isolée.

Thème cinquième.

Passage d'un défilé par une compagnie en retraite poursuivie par l'avant-garde ennemie.

Thème sixième.

Attaque et passage d'un pont. L'assaillant réussit dans son opération.

EXEMPLES DE THÈMES

POUR LES COMMANDANTS DE DEUX COMPAGNIES OPPOSÉES L'UNE A L'AUTRE, D'APRÈS LES RÈGLES CI-DESSUS FORMULÉES.

1ᵉʳ BATAILLON.

—

Rencontre de deux compagnies en reconnaissance.

—

A M. le capitaine commandant la 1ʳᵉ compagnie.

—

La 1ʳᵉ compagnie, forte de 160 hommes, et sous vos ordres, se trouvera demain, à 5 heures du matin, au château du *Fenil-des-Dés* pour développer l'hypothèse suivante :

La 1ʳᵉ compagnie est supposée partie de Castel-Venzago, précédant d'une heure ou deux un fort détachement en marche sur Castiglione. A la hauteur du mont *Cinq-Fontaines*, elle aura à recevoir l'attaque d'une compagnie ennemie. (Quand l'attaque est supposée faite à l'improviste, cette dernière indication est donnée en blanc.)

Le but de l'opération est de reconnaître le terrain que doit parcourir, plus tard, le détachement.

Le commandant de la 1ʳᵉ compagnie devra s'arrêter à la Maison du Moine et y attendre le détachement.

Si l'ennemi l'attaque pendant la marche, il devra résister en engageant le moins de monde possible.

Au cas où il devrait se retirer, il devra le faire par la route déjà suivie et regagner Castel-Venzago.

LE CHEF DE BATAILLON,

X***.

1er BATAILLON.

—

Rencontre de deux compagnies en reconnaissance.

—

A M. le capitaine commandant la 4e compagnie.

—

La 4e compagnie, forte de 140 hommes, et sous vos ordres, devra se trouver à 5 heures du matin à la Maison du Moine pour y développer le thème suivant :

La 4e compagnie est supposée envoyée en reconnaissance de Castiglione vers Castel-Venzago. Arrivée au mont Cinq-Fontaines, elle fait halte en se couvrant. (Ici encore, l'indication peut être laissée en blanc.)

L'objet de cette reconnaissance est de parcourir la route de Castel-Venzago et les hauteurs voisines du mont Cinq-Fontaines, qu'elle devra reconnaître : elle sait, en effet, qu'une troupe ennemie marche de Castel-Venzago sur Castiglione.

Le capitaine, au cas où il rencontrera l'ennemi, devra prendre vigoureusement l'offensive pour l'obliger à déployer toutes ses forces. Il se repliera ensuite lentement vers le mont Breda et couvrira le pays, se maintenant à cheval sur la route de Castiglione.

LE CHEF DE BATAILLON,

X***.

N. B. Pour que les compagnies ne s'habituent point à trop s'étendre on pourra fixer les limites dans lesquelles devra se circonscrire le combat, la zone d'action étant calculée proportionnellement aux troupes en présence et demeurant assez vaste pour permettre les dispositions de combat les plus favorables.

Pour éviter que les positions occupées soient connues de l'ennemi, les officiers et sous-officiers se montreront le à moins possible, et l'on évitera ces promenades inutiles de gradés de toute classe, qui, d'ordinaire, pour corriger les erreurs de position d'hommes ou de groupes, se font voir à l'ennemi et indiquent ainsi la position occupée.

CHAPITRE II.

Le bataillon est la première unité tactique de combat en ordre plein : c'est avec lui qu'on peut entamer la combinaison des trois armes. A cet effet, on lui adjoint de petits détachements d'artillerie ou de cavalerie, et les groupes ainsi formés peuvent entreprendre des opérations d'une certaine importance, comme, par exemple :

Attaquer ou défendre un château entouré de murs, avec ses dépendances, un pont ou un défilé, ou bien encore occuper avec de l'artillerie une position avancée, effectuer une reconnaissance avec artillerie et cavalerie, attaquer une fraction de ligne d'avant-postes.

Un bataillon peut être engagé comme unité d'une ligne de plusieurs bataillons (nous verrons ce cas aux exercices du 3º degré); il peut être isolé ou tellement loin des autres bataillons d'une ligne qu'il puisse se considérer comme seul. Dans les deux cas il combattra rarement tout entier en ordre plein ; la plupart du temps il conservera en groupe la majeure partie de ses sous-unités, et emploiera au moins une compagnie en ordre dispersé ; toutefois cette compagnie réglera ses mouvements sur ceux du gros et demeurera constamment sous les ordres et la direction du chef de bataillon.

Le bataillon devra donc être familier avec les diverses formations propres à l'attaque et à la défense, tant en ordre plein qu'en ordre dispersé ; il connaîtra également les divers mouvements propres à l'ordre mixte ; enfin officiers et troupe devront être rompus à combiner entre eux ces trois systèmes.

Le bataillon et la compagnie en tirailleurs devront se régler mutuellement l'un sur l'autre et se soutenir réciproquement. Le chef de bataillon donnera donc au capitaine commandant les tirailleurs ses ordres et les instructions qu'il croira nécessaire ; toutefois il lui laissera une grande liberté d'action et la facilité d'adapter ses formations à la configuration du terrain.

Le bataillon isolé ou trop distant des autres bataillons, peut avoir à occuper un front bien plus étendu que celui de sa ligne normale de bataille : c'est dans ce cas surtout qu'il emploiera l'ordre dispersé, y consacrant deux et même trois compagnies (1). *Dans ce cas, chacune de ces compagnies se maintiendra dans la zone d'action qui lui aura été assignée, évitant d'une façon absolue de la dépasser et de se mélanger aux compagnies voisines.*

Bien que la manœuvre générale d'un bataillon repose sur sa division en compagnies, il ne s'ensuit pas que toutes les compagnies aient toujours à exécuter des mouvements semblables. Souvent elles doivent agir indépendamment les unes des autres, bien que l'objectif soit commun. Dans ce cas, les capitaines sont instruits par le commandant chacun de ce qu'ils ont à faire : ils occupent les points qu'on leur a respectivement désignés, et pendant tout le temps qu'ils sont séparés du bataillon agissent par eux-mêmes et de leur propre initiative. Dans ces circonstances, ces officiers ne perdront point de vue l'objectif général vers lequel doivent tendre tous ces mouvements distincts, et agiront séparément de manière à y arriver ensemble.

Les capitaines se tiendront de leur personne au point d'où ils pourront mieux diriger et surveiller leurs groupes, donner des ordres, en recevoir du chef de bataillon. Ils auront sans cesse devant les

---

(1) N'oublions pas que le bataillon italien n'a que quatre compagnies.

yeux les rapports de position existant entre leur
compagnie et le bataillon ; ils étudieront ce que
ces rapports leur dictent pour les mouvements successifs à exécuter et ce qu'ils ont à faire pour ne
point dévier du but général de l'opération. Leur
principale préoccupation sera de bien régler leurs
formations sur la configuration du terrain et sur
les ordres qu'ils recevront de leurs chefs divers.

Le commandant du bataillon s'efforcera surtout
d'exciter chez ses capitaines cet esprit d'initiative
qui leur permettra de choisir eux-mêmes leur position, d'après les règles que nous avons données
plus haut ; c'est ainsi qu'on obtiendra des troupes
cette souplesse et cette habileté dans les manœuvres grâce auxquelles on surmontera n'importe
quelle difficulté.

Comme on l'a dit plus haut, la véritable tactique
du bataillon est la tactique en *ordre mixte ;* son
chef devra, en conséquence, choisir de préférence
les formations que comporte cet ordre soit dans les
manœuvres de combat, soit dans les autres.

Quand la compagnie ou les compagnies chargées
de commencer le combat ont rempli la mission
dont elles étaient chargées, c'est alors le moment
pour le bataillon d'entrer en action. Il le fera soit
en se déployant en ligne de bataille pour faire feu,
si par exemple il doit se défendre et résister à une

colonne assaillante, soit en marchant en colonne si le but est l'offensive. *Il évitera par-dessus tout de toujours combattre en ordre dispersé, ce à quoi nous tendons trop,* et qui nous amène à ne plus manœuvrer et à ne plus former que des lignes de tirailleurs, au grand préjudice de l'ordre compacte et de l'unité des mouvements.

Pour éviter ce dernier inconvénient, le commandant du bataillon, au moment de tenter une attaque décisive, rappellera au gros les compagnies détachées. Mieux encore, il leur fera démasquer le front du bataillon en faisant serrer les intervalles sur les files extrêmes de droite et de gauche. — Les tirailleurs se tiendront alors arrêtés au point où ils se trouvent et continueront le feu. Puis, ils appuieront la marche offensive du bataillon en se portant de nouveau en avant, mais en groupes compactes. Ils pourront encore renforcer les flancs du bataillon qui exécute des feux à commandement par de vigoureuses salves données d'écharpe; enfin ils concourront au succès d'une attaque en couvrant les flancs de la colonne, toujours répartis en groupe, mais bien unis et à petite distance du gros.

Il faut bien faire la différence entre le mouvement de démasquer une position et celui de resserrer les intervalles pour battre en retraite. Dans

l'un des cas on demeure sur la position en resser-
rant les intervalles d'un groupe à un autre, ou
dans chaque groupe de file à file ; dans l'autre cas,
on cherche à rester sur la position avec le gros des
forces et l'on essaie d'exécuter des feux d'ensemble.

Quand on bat en retraite on le fait toujours par
la voie la plus courte, de manière à ne point
empêcher ou retarder le feu des troupes en position.

Toutes les fois qu'un bataillon devra combattre
isolé, et que, tout en n'étant point éloigné d'autres
troupes, il ne pourra compter absolument sur
elles pour le soutenir, il devra forcément disposer,
en même temps qu'il enverra une compagnie pour
le couvrir, une autre compagnie en réserve, sur
laquelle il puisse compter à un moment donné
pour le soutenir et l'aider à arriver au résultat
tactique cherché.

En pareil cas, la compagnie de soutien se tient
reliée au bataillon et dans une position convenable ; elle recevra à cet effet les instructions du
commandant. Elle aura l'œil sur les mouvements
du gros et sur le combat, prête à avancer aussitôt
qu'on lui en donnera l'ordre ou le signal, à prendre position et à entrer en action quand le chef de
bataillon le croira convenable.

Le commandant du soutien a dans son commandement la même latitude que les autres capitaines dans les compagnies en ordre dispersé. Il
place ses hommes derrière le centre ou derrière
une aile du bataillon, se sert de tous les avantages
du terrain et prend de lui-même les diverses formations qu'il juge convenable tant qu'il ne reçoit
pas des instructions ou des ordres spéciaux sur le
lieu où il devra se tenir et la manière dont il devra
le faire.

En principe, le chef de bataillon donnera à l'officier qui commande le soutien les indications nécessaires sur la distance à laquelle il devra se tenir
du gros et sur le point qu'il devra occuper; il
n'entrera point dans le détail de tout ce qui peut
arriver, de telle sorte que chacun reste dans les
limites de sa propre initiative, et de ce qu'il a à
faire dans sa sphère particulière d'action.

Le bataillon n'est avantageusement déployé en
bataille que pour faire feu; pour qu'il soit ma-
niable sur toute espèce de terrain il est mieux de
le tenir formé en colonne par pelotons ou, surtout,
en ligne de colonnes de compagnie.

Dans certains cas on peut avoir à tenter une
attaque à la baïonnette en ligne de bataille déployée; ces occasions sont fort rares; exemple :
quand on veut s'élancer sur l'ennemi après plu-

seurs salves rapides et qu'on n'est séparé de lui
que par un terrain libre et peu étendu.

En règle générale, on devra adopter d'une façon
absolue l'attaque en colonne, ou mieux celle en
colonnes de compagnie reliées entre elles par de
petits groupes de tirailleurs placés en avant des
intervalles et précédant à quelque distance le front
du bataillon. Ces groupes profiteront de toutes les
sinuosités du terrain pour s'arrêter et préparer
par leur feu la route aux colonnes qui marchent
en avant. En cas d'insuccès, les tirailleurs s'abri-
teront dans les fossés, derrière tous les obstacles
qu'ils pourront rencontrer, et là, soutiendront la
retraite jusqu'à ce que le gros se soit rallié au
point indiqué à l'avance.

Quand un bataillon attend en position l'ennemi
pour le repousser à la baïonnette, il le laissera
arriver à 150 mètres, exécutera un feu à volonté
rapide et bien dirigé, puis fondra sur lui en ordre
plein, soutenu par son soutien placé sur le flanc
ou en arrière, et qui, au cas d'un échec du gros,
devra résister jusqu'au dernier homme.

Nous serons rationnel avec ce que nous avons
dit à propos du groupe et de la section en insistant
ic pour que le combat du bataillon ne dégénère
pas en combat de tirailleurs. En effet, si le combat
en ordre dispersé est d'importance majeure dans

les petites subdivisions, on ne peut plus l'admettre au même degré pour le bataillon. Le nombre des hommes engagés demande dans ce cas que le chef ait ses troupes dans la main ; c'est ainsi qu'il pourra les opposer à une attaque combinée d'infanterie et de cavalerie, qu'il les disposera, compactes et déterminées, pour une action offensive. Des troupes disséminées ne pourraient point donner de résultats semblables ; leurs feux n'ont point d'intensité, et elles ne présentent ni cette consistance ni cette cohésion absolument nécessaires pour résister au choc de masses ennemies.

Comme le groupe est la première unité de la petite tactique, également le bataillon est la première unité de la tactique des trois armes ; avec ce dernier on commence le combat en ordre plein comme avec le premier on avait commencé le combat en ordre dispersé. En maintenant à chacune de ces deux unités le mode d'agir qui leur est propre, en le proportionnant à leurs forces et à leur champ d'action, on ne fait que développer successivement les principes, jamais assez recommandés, qui forment le pivot sur lequel repose toute la tactique moderne, petite ou grande.

Un bataillon appelé à combattre isolément dispose souvent de petits détachements de cavalerie ou d'artillerie proportionnés à sa force : le commandant du bataillon les utilisera suivant ce qu'il veut faire et le genre d'opération qu'il a à entreprendre.

En marche il fait suivre à l'artillerie et à la cavalerie le gros de la colonne. Il enverra quelques cavaliers à l'avant - garde ou à l'arrière - garde, suivant qu'il marchera en avant ou en retraite.

Quand le commandant d'un bataillon est chargé de défendre une position, il dissimulera sa cavalerie derrière un pli de terrain, *à hauteur du soutien, là où elle aura un meilleur champ d'action et où il lui sera permis de combattre en toute circonstance.* Il détachera de petites patrouilles pour reconnaître les routes par lesquelles il attend l'ennemi.

L'artillerie se placera au point où son action sera la plus favorable.

Une croupe ne dominant que légèrement le terrain à battre est bien supérieure à une position trop élevée d'où le tir est *en bombe* et peu meurtrier; dans une terrain à pente douce et unie vers l'ennemi, tous les coups sont rasants, et, partant, bien plus efficaces.

L'artillerie ne doit jamais être abandonnée à ses propres forces; on la pourvoira donc toujours d'un soutien qui la suivra dans tous ses mouvements.

Ces soutiens se tiendront toujours éloignés des pièces du côté opposé à l'ennemi.

Les accidents du terrain se prêtent admirablement à la mise en batterie des pièces de canon ; il conviendra pourtant de s'assurer de passages et de débouchés, soit pour marcher en avant, soit pour battre en retraite.

On ne risquera jamais une attaque à la baïonnette, celle d'une maison importante, ou d'une position quelconque, sans l'avoir préparée au préalable avec du canon. Il faudra même attendre que l'artillerie ait rendu les maisons intenables et ébranlé puissamment l'ennemi. Dans ces circonstances, un assaut aura chances de réussir (1).

(1) Comme exemple d'une attaque tentée par des forces supérieures, mais n'ayant pas réussi faute d'avoir été préparée suffisamment par le canon, on peut citer l'attaque de Saint-Privat par la garde royale prussienne le 16 août 1870.

La garde, ainsi que le 12e corps saxon, placés à l'extrême gauche, rencontrèrent à Sainte-Marie-aux-Chênes une très-énergique résistance, et, après l'avoir vaincue, le 12e corps continua sa marche vers le nord pendant que la garde faisait une conversion à droite et marchait entre Habonville et Sainte-Marie-aux-Chênes, face et contre Saint-Privat.

Déjà, pendant l'attaque de Sainte-Marie-aux-Chênes, le commandant de l'artillerie de la garde, le prince de Hohenlohe, avait réuni 84 pièces contre Saint-Privat et canonné la position des Français d'abord à une distance de 2,000 mètres, puis à environ 1500 mètres.

A cinq heures de l'après-midi, le commandant de la garde CRUT l'ennemi suffisamment ébranlé pour oser tenter l'attaque sur un terrain découvert, complétement dépourvu d'abris et montant faiblement. La 4e brigade de la garde (Kessel) s'élança la première

Quand on est sur la défensive, l'artillerie s'emploie et contre les colonnes d'attaque et contre l'artillerie ennemie.

Pour contre-battre l'artillerie en position ou prendre d'écharpe et d'enfilade les troupes sur la défensive, l'artillerie de l'assaillant choisira de bonnes positions, commencera le feu et le continuera tant qu'elle pourra aider le mouvement en avant des colonnes d'infanterie.

En effet, en demeurant en batterie sur la même position, l'artillerie peut, au bout de quelques coups, rectifier son tir et obtenir une grande précision, au lieu qu'en changeant continuellement de position, elle perd cet avantage et permet à l'artillerie ennemie de battre impunément les troupes assaillantes.

---

d'Habonville en deux lignes de colonnes dans la direction de Saint-Privat, précédée de pelotons de tirailleurs ; un quart d'heure après, la première division de la garde (Pape) sortit de Sainte-Marie-aux-Chênes et dans le même ordre (Sainte-Marie est à deux kilomètres, Habonville à trois environ de la clef de la position française) ; les deux brigades arrivèrent ainsi presque en même temps dans la zone dangereuse du feu ennemi.

Le front d'attaque ne comptait guère plus de 1500 mètres, de sorte que les hommes étaient sur dix rangs : ce fut certainement la formation la plus profonde qu'aient employée les Prussiens dans cette campagne. L'effet du tir ennemi fut si meurtrier à plus de 1200 mètres, que, dans les brigades engagées, plus de 6,000 hommes tombèrent en dix minutes; il fallut aussitôt suspendre la marche en avant.

(Mode d'attaque de l'infanterie prussienne, par le duc Guillaume de WURTEMBERG.) Traduction CONCHARD-VERMEIL.

7

Le bataillon qui dans sa marche, rencontre et veut traverser un défilé ou un pont se fera toujours précéder par une compagnie et soutenir par une autre. Cette dernière prendra position sur les deux rives et commencera un feu bien nourri. Quand la compagnie, chargée de protéger le mouvement, a réussi à passer le défilé, le bataillon le franchit à son tour en colonne et se déploie immédiatement après, à moins qu'il ne soit menacé par de la cavalerie : formé en bataille, il exécute des feux. Si l'on possède de l'artillerie, elle aidera avec la compagnie de soutien à forcer le passage.

La compagnie laissée en soutien s'arrête près du pont ou à l'entrée du défilé et ne le franchit point que le bataillon n'ait gagné du terrain en avant ; elle traverse alors l'obstacle et va prendre position à la sortie. Là, elle attend des ordres, soit qu'elle doive garder la position, soit qu'il lui faille suivre le bataillon marchant en avant.

Si le passage d'un défilé ou d'un pont s'effectue dans une retraite poursuivie par l'ennemi, le bataillon laissera dans une position convenable une compagnie de soutien et l'artillerie. Protégé par les feux de cette arrière-garde, il passera alors le défilé ou le pont, compagnie par compagnie, et prendra position à son tour pour protéger la retraite du soutien.

Le chef du bataillon explique le thème de l'opération aux commandants de l'artillerie et de la
cavalerie et à ceux des compagnies d'infanterie :
tous en effet doivent connaître l'objectif de la manœuvre et concourir à son exécution avec intelligence et discernement.

Pendant le combat, le chef du bataillon envoie
ses ordres, mais laisse toute liberté dans le choix
des moyens qui doivent assurer leur exécution.
Les thèmes pour les exercices de combat de deux
bataillons opposés l'un à l'autre sont donnés par
le commandant du régiment. Ces thèmes seront
composés d'après les règles prescrites à propos
du combat de compagnies, seulement quand cela
sera possible on adjoindra à l'infanterie des détachements de cavalerie ou d'infanterie, jamais moins
d'un peloton ou d'une section.

Les commandants des deux partis reçoivent
copie du thème comme il a été dit pour les compagnies. Muni de cartes topographiques, ils se rendent
à l'heure fixée au point de départ ; ils se reporte-
ront à toutes les prescriptions et indications que
nous avons données pour l'instruction des compagnies.

Dans les manœuvres de combat de deux bataillons disposant d'artillerie, les partis prendront
position à environ 2,000 mètres l'un de l'autre.

C'est en effet à cette distance que le tir des pièces de campagne commence à être véritablement efficace ; une fois *l'heure fixée* arrivée on commencera le combat de la façon la plus vraisemblable et la plus rationnelle.

Pour l'emploi des feux les bataillons se rappelleront les recommandations du *Règlement de manœuvres* à propos de l'usage des feux.

Nous recommanderons d'une manière spéciale le feu *par rangs à commandement* (1). Quant au feu en ordre dispersé on ne le fera exécuter que dans certains cas déterminés comme par exemple : à la compagnie qui couvre le bataillon au. commencement de l'action, à celle qui précède le bataillon marchant à l'attaque disposée par groupes en avant de l'intervalle des colonnes de compagnies, à celle enfin qui aura pris position en *crochet* ou en *potence* sur l'aile d'un bataillon arrêté et exécutant des feux de salve.

Dans les exercices de deux bataillons opposés l'un à l'autre le commandant du régiment règlera avec discernement la force des deux partis. Rien n'empêche de donner à un des bataillons une force plus considérable qu'à l'autre lorsqu'on veut que la prépondérance du nombre soit mis en compte

(1) Ces prescriptions visent le règlement de manœuvres italien.

dans la solution du problème tactique. Quelquefois
le succès dépendra de la position qu'occupera la
défense, ou bien de meilleures dispositions prises
par l'un des combattants, soit qu'on attaque ou
qu'on défende une position, soit que les deux partis
se trouvent inopinément l'un devant l'autre.

Pour ces exercices, le régiment entier (3 bataillons) sera formé en deux fractions de force
égale.

Le commandant du régiment, pour tout ce qui
se rapporte aux commandants des *deux* partis,
juges du camp, etc., observera rigoureusement ce
que nous avons dit dans les prescriptions générales.

C'est au commandant du régiment à nommer
les chefs des deux partis, à déterminer les officiers
chargés d'intervenir les uns comme acteurs, les
autres comme spectateurs, à nommer les juges du
camp, à fixer l'heure où les troupes se trouveront
sur le terrain, celle où commencera la manœuvre,
l'heure du retour, le nombre de cartouches à tirer
par homme.

La *direction* de la manœuvre appartient au commandant du régiment qui, en donnant le thème, fixe
l'heure où commencera le combat. Toutefois le colonel aura soin de laisser aux commandants des
deux partis la plus grande latitude dans l'exécution ;
s'il intervient, ce sera seulement pour modifier à

l'improviste une des hypothèses du thème, ou bien pour ramener vers l'hypothèse donnée une situation qui s'en écarterait trop, enfin pour prévenir des désordres , de fausses manœuvres ou des erreurs trop graves.

OBSERVATIONS

Sur la **DIRECTION** et l'**EXÉCUTION** des manœuvres de combat de deux bataillons opposés l'un a l'autre.

DIRECTION.

Le thème étant fixé, les forces ne doivent pas être disproportionnées outre mesure.

La configuration du terrain devra être étudiée avant de donner telle force à tel parti et telle autre à tel autre.

Le terrain où l'on pourra manœuvrer devra être fixé d'une façon précise, l'exécution d'une manœuvre *exactement vraie* étant d'une impossibilité absolue.

En arrivant sur le terrain on donnera entière connaissance à tous les officiers et spécialement aux commandants de compagnie, et du thème à exécuter et des dispositions qu'on veut employer pour l'exécuter. Sans entrer en trop de détails on leur montrera où est la clef de la position, on leur expliquera de quelle manière on pourrait présumer se rendre maître de cette position pour l'occuper et la conserver ; de cette manière on obtiendra que pendant l'action et au milieu des phases diverses de l'exécution les ordres soient toujours bien compris, chacun sachant ce que l'on veut et vers où l'on tend.

EXÉCUTION.

Pour le combat isolé on fera une différence entre la conduite d'un bataillon et celle d'une compagnie.

1° La compagnie isolée peut avec grande raison employer l'ordre dispersé, toujours nécessairement en gardant son soutien. Dans une telle formation elle remplit parfaitement les trois services de *sûreté, reconnaissances, contact avec l'ennemi.*

2° Le bataillon au contraire est la véritable unité de combat : son étendue ne permet pas de l'employer tout entier en ordre dispersé, car, ainsi formé, il deviendrait impossible à diriger et à manier.

Il doit donc combattre en ordre mixte et là nous emploierons tout d'abord une compagnie isolée qui servira à couvrir la marche du bataillon, à ralentir celle de l'ennemi, à nous relier aux positions de l'adversaire et à nous donner son contact.

Ce service effectué, la compagnie se retirera et laissera le champ libre à la masse : toutefois elle

continuera à protéger et à appuyer les flancs :
parfois elle se repliera derrière le bataillon et s'y
reformera si les circonstances l'exigent.

Le bataillon doit combattre avec le gros de ses
forces en ordre plein, mais toujours adapté à la
configuration du terrain ; ainsi il sera *en échelons,
en ligne, en colonne,* suivant qu'il trouvera une
série de positions. dominantes, une solide ligne de
défense, ou bien suivant qu'il sera en marche.

Une erreur très-grave est de faire combattre
toutes les compagnies chacune pour leur compte
et sans se relier les unes aux autres. Il arrivera
qu'un ennemi un peu entreprenant forcera un point
quelconque de votre ligne avec le gros de ses forces,
y mettra le désordre et déterminera la retraite,
souvent la déroute de vos troupes.

Ce principe est vrai, toute exagération à part,
pour des détachements plus forts qu'un bataillon.

Les troupes qui d'après le thème doivent défendre une position ne se contenteront pas d'une défensive passive : elles se souviendront que de vigou-
reux *retours offensifs* forceront souvent l'ennemi
à abandonner son attaque.

Quand, d'après l'hypothèse du thème, les bataillons devront se rencontrer inopinément, ils auront
des compagnies en reconnaissance en avant de leur
front et sur leurs flancs, mais ils ne s'arrêteront

pas à chaque instant pour prendre position avant d'avoir atteint le point où leur est signalé l'ennemi.

Du reste tous les combats se réduiront toujours à une attaque ou une défense de position ; parfois il faudra passer à l'improviste de l'ordre de marche à l'ordre de combat, mais, en somme, ce sera la figure réelle de ce qui a lieu à la guerre.

On n'emploiera *le soutien* (réserve) qu'avec modération : en effet le soutien détruit, il ne reste plus rien.

Qu'on n'oublie point cette maxime, même pour des manœuvres de détachements plus importants.

On recommande instamment l'économie des forces, celle des munitions de guerre ; que les troupes ne courent point à chaque instant, pour se fatiguer inutilement : que le feu soit bien réglé suivant les distances.

En général, on cherchera à recevoir l'ennemi à deux cents mètres par des feux de salve. Si ces feux sont bien exécutés on est absolument sûr de l'arrêter ou du moins de jeter un tel désordre dans ses rangs que les feux à volonté termineront ensuite très-facilement sa déroute.

On s'imaginera facilement quels effets peuvent donner et quels résultats peuvent obtenir le calme et le sang-froid d'une troupe qui n'exécute qu'au **moment** opportun des feux à commandement ou à volonté. Il faut faire voir ces résultats au soldat par la pratique autant que cela se peut, il faut qu'ils s'en rendent bien compte : de cette manière ils acquerront une grande confiance dans leur arme et s'en serviront avec précision.

Si l'on est chargé à l'improviste par de la cavalerie, il est inutile de former le carré. Il est facile de la recevoir et de la repousser étant en bataille, pourvu que les troupes conservent leur sang-froid et exécutent avec calme, d'abord des feux à commandement, puis des feux à volonté.

La même remarque est vraie pour des combats avec des forces supérieures.

CONCLUSION.

La principale chose est l'initiative chez chaque commandant de détachement et spécialement chez les capitaines de compagnie; ils doivent apporter le plus grand soin à choisir de bonnes positions pour faire feu, autant que possible à couvert.

Jamais dans un combat on abandonnera une bonne position sans savoir où l'on veut aller, et cela soit qu'on marche en avant soit qu'on batte en retraite. Si l'on y est contraint, on embrasse immédiatement tout le terrain d'un coup d'œil, l'on choisit sans hésiter un point et l'on s'y porte résolûment. — Rien n'est pire à la guerre que de manquer de résolution et d'énergie.

Que le bataillon, les compagnies et même des fractions moindres ne manœuvrent qu'aux commandements prescrits, cette recommandation est indispensable pour que les mouvements aient de l'ordre et de la régularité.

En disant aux soldats : *avancez*, *reculez*, *appuyez*, sans commandement, on les habitue à agir pour leur propre compte et en désordre.

Si le chef qui donne les ordres en premier doit ajouter parfois quelques légères explications, il n'en est pas de même de l'officier qui fait exécuter directement ces ordres par la troupe.

EXEMPLES DE THÈMES

EXERCICES PRATIQUES DE COMBAT POUR DEUX BATAILLONS OPPOSÉS L'UN A L'AUTRE, DISPOSANT TOUS DEUX DE DÉTACHEMENTS D'ARTILLERIE ET DE CAVALERIE.

Thème premier.

Attaque d'une ligne d'avant-postes; les avant-postes se replient.

L'assaillant a une section d'artillerie, la défense un peloton de cavalerie.

Thème deuxième.

Rencontre de deux bataillons isolés en marche.

Une section d'artillerie d'une part, un peloton de cavalerie de l'autre.

Thème troisième.

Attaque d'un bataillon au repos et se gardant exécutée par un bataillon en reconnaissance. Le bataillon au repos se replie.

Le bataillon au repos a une section d'artillerie, celui en reconnaissance une section d'artillerie et un ou deux pelotons de cavalerie.

Thème quatrième.

Attaque et prise d'une maison entourée de murs et de communs.

La défense a une section d'artillerie : l'assaillant en a deux.

Thème cinquième.

Poursuite par un bataillon d'un autre bataillon battant en retraite.

Le bataillon en retraite a une section d'artillerie. L'assaillant en a une également et deux pelotons de cavalerie.

Thème sixième.

Attaque d'une position isolée, accidentée, semée de bois et défendue par un bataillon muni d'une section d'artillerie, par un autre bataillon et une batterie de campagne.

EXEMPLE DE THÈMES

POUR LES COMMANDANTS DE DEUX BATAILLONS OPPOSÉS L'UN A L'AUTRE.

Thème.

Un bataillon d'extrême arrière-garde renforcé d'une section d'artillerie est poursuivi et attaqué par un autre bataillon d'avant-garde disposant d'une section d'artillerie et de deux pelotons de cavalerie.

Hypothèse.

Un corps ennemi battu à Calcinato est en pleine retraite vers Cavriana et Volta, sur la route d'Esenta à Castel-Venzago. Le bataillon d'extrême arrière-garde qui couvre sa marche a pris position à hauteur du mont Fornace et du mont Lotzo, pour donner le temps au corps d'armée de prendre quelque avance.

Ce bataillon est attaqué là par un autre bataillon, extrême avant-garde de l'armée victorieuse.

THÈME POUR LE BATAILLON D'ARRIÈRE-GARDE.

OBJET.

—

Bataillon d'extrême arrière-garde d'un corps en retraite.

—

A M. le commandant X***.

—

Le bataillon sous vos ordres et une section d'artillerie se trouvent être l'extrême arrière-garde d'un corps qui bat en retraite par Esenta et Castel-Venzago sur Cavriana et Volta.

Sa mission est de protéger la retraite.

Il s'arrêtera pour prendre position à hauteur des monts Lotzo et Fornace, à cheval sur la route Esenta-Castel-Venzago et barrera le passage à l'ennemi qui tente la poursuite.

Il lui est ordonné d'opposer une résistance désespérée et de se replier vers Castel-Venzago, en combattant et en profitant de tous les obstacles qui pourront arrêter l'ennemi.

Pour l'exécution de cette manœuvre, vous vous trouverez avec votre bataillon et une section d'artillerie, demain, à 5 h. 1/2 du matin, sur les positions des monts Lotzo et Fornace.

LE COLONEL,

X***.

NOTA. La zone d'action et de combat est déterminée au nord-ouest par une ligne qui, partant des premiers contreforts des monts Gelli, court parallèlement à la route Esenta-Castel-Venzago à C. S. Martino, puis au village de Castel-Venzago ; au sud-est par une ligne droite partant de Cassina-Cassa et gagnant Fornasetta entre le mont Lepre et le mont Forca.

THÈME POUR LE BATAILLON D'AVANT-GARDE.

OBJET.
—

Bataillon d'extrême avant-garde d'une colonne à la poursuite d'un corps d'armée en retraite.

—

A M. le commandant X***.

—

Le bataillon sous vos ordres, renforcé d'une section d'artillerie et de deux pelotons de cavalerie, formera l'extrême avant-garde d'une colonne à la poursuite d'un corps ennemi battu et en pleine retraite sur Cavriana par la route Esenta-Castel—Venzago.

Votre mission est d'inquiéter ses derrières par des attaques continuelles.

Il vous est prescrit d'occuper demain, à 5 h. 1/2 du matin, avec votre bataillon, une section d'artillerie et deux pelotons de cavalerie, une position sur la route d'Esenta à Castel-Venzago, à hauteur du village d'Esenta et d'être prêt à vous remettre en route.

A 6 heures précises, vous commencerez le mouvement suivant les instructions ci-dessus.

LE COLONEL,

X***.

NOTA. La zone d'action et de combat est déterminée au nord-ouest par une ligne qui, partant des premiers contreforts des monts Gelli, court parallèlement à la route Esenta-Castel-Venzago, à Cassina C. S. Martino et ensuite au village de Castel-Venzago, au sud-est par une ligne qui partant de Cascina Cassa gagne Fornasetta entre le mont Lepre et le mont Forca.

TROISIÈME PARTIE
EXERCICES DU TROISIÈME DEGRÉ

CHAPITRE PREMIER.

Règles pour les exercices de combat de groupes de bataillons opposés les uns aux autres.

Les manœuvres de groupes de bataillons, dont on va s'occuper ici, sont des exercices de tactique dont le but est d'enseigner à tous les gradés indistinctement et particulièrement aux officiers supérieurs comment on peut appliquer sur une échelle plus vaste ce qu'on a appris en pratiquant l'instruction du groupe opposé au groupe, puis celle des diverses fractions jusqu'au bataillon inclusivement.

On aura à se servir de cette initiative, de cette intelligence et de ce jugement que demanderont les circonstances et les phases du combat, développés ici par la nature et le caractère du terrain.

On se souviendra que les principaux moyens d'obtenir l'avantage, qu'il s'agisse d'enlever ou de garder une position, consistent à utiliser le terrain sur lequel on combat, à voir immédiatement et à propos, quelles sont les positions qui, occupées tout d'abord, permettront d'écraser l'ennemi sous le feu de la mousqueterie et le forceront à reculer et à abandonner la position qu'il défend.

Ce qu'on cherchera à acquérir, c'est l'habileté dans le commandement, le coup d'œil qui permet de donner des ordres ou de les exécuter avec précision et calme; la facilité à passer de la marche au combat et à prendre en même temps toutes les dispositions nécessaires pour le moment, tout cela sans hésitation ni indécision. Pour arriver à un tel but, une pratique suivie devra d'abord faire bien comprendre les rapports entre l'*idée générale* et l'*idée spéciale* que contient chaque manœuvre, d'après les ordres donnés et les dispositions prises avant tout mouvement nouveau. On s'exercera à appliquer sur le terrain *les règles et les prescriptions* données par les ordonnances, on se rendra familiers les moindres détails du service et des petites opérations militaires, et l'on cherchera à bien comprendre comment elles sont le nœud d'opérations plus complexes qui sont les manœuvres de la guerre et du champ de bataille.

L'ensemble de plusieurs bataillons constitue un corps tactique; chacun conservant néanmoins sa qualité : unité tactique de manœuvre et de combat en ordre plein.

L'infanterie peut être appelée à combattre seule en de nombreuses occasions : mais pour obtenir des résultats plus complets et plus considérables, on lui adjoint des détachements d'artillerie et de cavalerie ce qui constitue la combinaison des trois armes, la tactique combinée.

Que le combat soit engagé ou prêt à l'être, un corps de troupe doit toujours avoir un soutien proportionné à son importance.

Les troupes se forment sur deux lignes ; quand leur nombre le permet et que les circonstances l'exigent, elles ont encore une *réserve*.

Quand on a en même temps une réserve et une deuxième ligne, le but de ces deux troupes n'est pas le même. Dans la deuxième ligne, chaque troupe a la charge de soutenir et de remplacer même les troupes engagées qu'elle a devant elle ; la réserve au contraire constitue le soutien de tout le corps engagé : on ne l'emploie que dans des circonstances exceptionnelles et sur le seul point où sa présence est nécessaire.

La distance entre les lignes varie suivant le terrain et les circonstances : en principe, elle doit être telle que la deuxième ligne puisse toujours secourir ou remplacer *à temps* la première.

Lorsque, en outre de la deuxième ligne, on aura une réserve, on la placera derrière le point où l'on veut donner le grand coup, soit qu'on attaque ou qu'on résiste : elle devra être autant que possible à l'abri du feu de l'artillerie, derrière des plis et des accidents de terrain.

Les dispositions que doivent prendre en présence de l'ennemi plusieurs bataillons réunis, varient en raison du nombre et de l'espèce des troupes à combattre, du terrain et du but que l'on cherche.

Il est impossible de donner des règles précises et absolues sur la nécessité d'avoir une réserve et moins encore sur le moment où on doit l'employer : nous supposons, bien entendu, qu'on dispose d'une deuxième ligne ; cette deuxième ligne est toujours indispensable.

Ils n'existe pas de règles fixes pour les ordres de bataille : on ne doit donner la préférence à aucun d'une façon absolue, mais agir suivant les circonstances et attaquer l'ennemi avec toutes les forces dont on peut disposer.

La première ligne une fois à portée de l'ennemi, qu'elle soit en marche ou arrêtée, devra toujours se couvrir d'un rideau de tirailleurs.

En règle générale un bataillon de première ligne est couvert par une compagnie ; un bataillon

qui doit occuper une ligne supérieure à son front
pourra déployer temporairement en tirailleurs plus
d'une compagnie.

La compagnie déployée doit toujours se maintenir en relation avec le bataillon. Le chef de ce
bataillon donnera au capitaine des tirailleurs ses
instructions de manière que ce dernier ait toujours sa droite et sa gauche reliées aux tirailleurs
des bataillons voisins et prenant part aux mouvements d'ensemble suivant le terrain et les
phases diverses du combat.

Les évolutions devront toujours être exécutées
avec calme, régularité et ordre. Il n'importe pas
que les bataillons adoptent des formations uniformes : ils prendront celle qui leur paraîtra préférable pour occuper le mieux et le plus rapidement possible les points où ils doivent se porter
dans le mouvement général.

Les commandants de ces bataillons devront se
conduire et se régler entre eux exactement comme
l'ont fait les commandants de compagnie dans un
bataillon isolé : en général, ils devront se conformer aux règles que nous avons données pour les opérations d'un bataillon opposé à un autre bataillon.

Les chefs de bataillon, qu'ils soient arrêtés ou
en position de combat, doivent profiter de tous
les accidents de terrain pouvant les abriter : ils

feront marcher leur troupe en l'exposant le moins possible au feu de l'ennemi.

Si l'on rencontre une ligne de tirailleurs ennemis, le bataillon ne dépensera point inutilement ses munitions en faisant des salves d'ensemble ; au contraire, il y répondra par des feux de même sorte, et ne se laissera point arrêter, dans son mouvement offensif, par la présence de quelques petits groupes.

Il s'avancera sur eux, au pas gymnastique, couvert et protégé par la ligne de tirailleurs qu'il aura déployée de son côté ; cette ligne s'arrêtera alors, démasquera le bataillon et lui permetta d'entrer en ligne soit en colonne d'attaque, soit en colonne de compagnie : dans ce mouvement les tirailleurs se rabattront à droite et à gauche, pour protéger les flancs du bataillon.

Quand l'infanterie est disposée sur deux lignes, mais non point en position de combat, l'artillerie est massée derrière le centre de la deuxième ligne, à trente pas de la queue de la colonne : elle peut même dans certains cas se tenir derrière la première ligne, encore à trente pas.

La cavalerie n'a point de poste fixe : elle se place également bien derrière le centre de l'une ou l'autre ligne, derrière une aile, suivant la manière dont on veut l'employer, pourvu qu'on tienne compte, en lui tenant sa place de bataille, du caractère essentiellement offensif de cette arme.

Quand les forces à engager ne dépasseront pas un régiment de trois bataillons, on placera deux bataillons en première ligne et l'on tiendra le troisième en réserve, soit derrière le centre, soit derrière une aile, suivant le cas et les circonstances; la cavalerie et l'artillerie seront disposées d'après les règles ci-dessus énoncées pour des forces plus considérables.

Dans les manœuvres d'instruction de groupes de bataillons opposés les uns aux autres et quand on disposera de pièces de canon, il sera convenable de tenir compte de la distance des deux points de départ des groupes. Que l'un attaque l'autre, ou que la rencontre soit fortuite, l'éloignement de ces deux points devra être calculé sur la portée de l'artillerie. Il ne devra jamais être inférieur à deux kilomètres.

Dans les exercices de groupes de plus de deux bataillons, aussi bien que sur le champ de bataille, le feu des bataillons déployés, mais en ordre plein, sera réglé par les chefs de chacun de ces bataillons. Ces officiers le feront exécuter au commandement ou à volonté, soit par le bataillon entier, soit par une ou plusieurs compagnies, suivant les besoins et les instructions reçues.

Le feu des compagnies en ordre dispersé est réglé par les chefs de section, chacun dans la sienne, suivant les besoins et les ordres tout d'abord donnés.

L'usage des feux est lié entièrement aux formations tactiques employées : les *observations* de l'ordonnance sur les manœuvres sont de la plus haute importance.

Il est impossible de préciser chacun des cas où doivent opérer la cavalerie et l'artillerie, pour l'offensive ou la défensive.

Nous donnerons seulement des règles générales concordant avec celles indiquées pour les grands mouvements des bataillons : elles suffiront pour indiquer l'accord nécessaire entre les trois armes et dans les manœuvres et sur le champ de bataille.

Un plan de combat doit toujours combiner les mouvements d'un corps de troupe, de manière à obtenir de l'ensemble dans chacun de ses actes et de ses mouvements ; il est donc nécessaire que les colonels, les chefs de bataillon, d'escadron et de batterie connaissent bien clairement le but vers lequel on tend, l'objectif. Tous, en effet, doivent concourir simultanément à l'action : ce n'est que par cette connaissance et en agissant dans le sens de l'idée directrice qu'ils obtiendront une somme d'efforts bien coordonnés et, partant, décisifs.

Le commandant supérieur apprendra donc aux officiers sous ses ordres, en quelques mots et d'une façon claire, le thème qu'il doit exécuter : il leur expliquera, avant de commencer l'action, ses idées et ses dispositions générales et se réservera de les modifier par des *ordres* ou des *avertissements,* soit pour tenter des mouvements successifs d'ensemble, soit des mouvements partiels de troupes séparées.

Les formations que peuvent et doivent adopter les troupes dans les diverses lignes se résument comme il suit :

*Les troupes de première ligne se tiendront dé-*ployées pour faire feu, et généralement en colonne pour marcher.

Celles de seconde ligne et la réserve seront en colonne serrée et placées derrière le bataillon de première ligne qu'elles doivent soutenir respectivement. On pourra encore les tenir massées, soit derrière le centre de la première, soit derrière une aile, soit enfin moitié derrière une aile, moitié derrière l'autre. Ces formations diverses seront adoptées suivant le but à atteindre et d'après le terrain.

Dans les marches devant l'ennemi, la première ligne sera couverte, d'abord par des tirailleurs, puis **par des patrouilles de cavalerie qui protégeront ses** flancs et parcourront sur son front les routes conduisant à l'adversaire.

L'artillerie soutiendra la marche en se tenant soit à une aile, soit sur les deux flancs. Elle exécutera des feux de positions ou des feux en avançant ou en reculant, en conformant ses mouvements à ceux de l'infanterie.

L'économie des forces est une règle essentielle, qu'il importe avant tout d'observer.

Il est également nécessaire de relever les troupes de première ligne, de manière à leur donner quelque repos : de cette manière on pourra soutenir le combat avec des troupes toujours fraîches.

Outre cette raison, les changements entre la première et la deuxième ligne s'effectuent naturellement par les mouvements qu'exécutent les troupes, soit qu'elles soient contraintes à la retraite, soit qu'elles s'emparent d'une position en avant : c'est le fait même de l'appui prêté chacune à son tour, à l'une par l'autre : ces changements sont donc *offensifs* ou *défensifs*. Elles exigent pour l'un et l'autre cas beaucoup de calme et le plus grand ordre : toute infraction à cette prescription amènerait fatalement un mouvement offensif de l'ennemi sur les troupes se relevant mutuellement.

Les tirailleurs de la première ligne demeureront

en position jusqu'à ce que ceux de la deuxième viennent les relever.

Les circonstances dans lesquelles on doit recourir à l'attaque à la baïonnette sont *particulières* ou *générales*.

Elles seront *particulières* quand, au commencement d'une action, un bataillon unique, fût-il même soutenu par d'autres troupes, tentera de s'emparer d'une position faiblement occupée et dont il conviendrait d'être maître pour relier les mouvements d'ensemble et établir un point d'appui pour le reste des opérations. Elles seront encore partielles si, tout en se tenant sur la défensive, un chef fait exécuter par une fraction de sa troupe une charge à la baïonnette, au lieu de perdre son temps à brûler un nombre considérable de munitions.

Les circonstances sont *générales* quand on essaie de terminer un combat par une attaque d'ensemble, fournie par une ligne de colonnes de bataillons ou de compagnies, soutenues et appuyées par une deuxième ligne qui suit lentement le mouvement.

Si derrière la seconde ligne on possède encore une *réserve*, elle se tiendra en position, arrêtée, mais prête à se porter au point où sa présence pourra être nécessaire, soit pour participer à l'attaque, soit pour soutenir la retraite, ou bien encore pour s'opposer à une diversion de flanc tentée par l'ennemi pour arrêter l'assaillant.

Le succès d'une attaque à la baïonnette dépend essentiellement du mode dont on l'a préparée tout d'abord par le feu de l'artillerie et par des diversions exécutées sur d'autres points que l'objectif principal, par de la cavalerie ou des tirailleurs. On pourra encore employer pour ces diversions quelques bataillons soutenus par de l'artillerie, de manière à porter ailleurs l'attention de la défense et à la forcer à diminuer ses forces.

Le commandant supérieur indiquera toujours à l'avance, aux chefs *des trois armes*, le but de l'opération, la direction de l'attaque, la conduite à tenir en cas de succès, le point de ralliement si l'on bat en retraite : ce dernier point sera choisi, en règle générale, en arrière de la seconde ligne.

La deuxième ligne doit être prête à coopérer à l'attaque comme réserve active. Toutefois, elle ne suivra point la première quand celle-ci commencera son mouvement à la baïonnette ; elle s'arrêtera et prendra position, soit sur le flanc, soit en arrière, pour entrer en action au moment où la première ligne serait ébranlée, compromise ou repoussée.

L'artillerie appuie les colonnes d'attaque et choisit des positions d'où elle pourra battre effica-

cement l'artillerie ennemie en position **et le point**
où la défense aura massé ses forces.

Cette opération complexe demande, pour réussir,
un certain nombre de préparatifs : ceux-ci assu-
rent ce que ne donneraient point plusieurs attaques
successives mais séparées, partout repoussées sans
difficulté.

Nous avons déjà dit, dans les exercices du premier
et du deuxième degré, la nécessité qui existait pour
les commandants en chef d'expliquer et de bien
faire comprendre à chaque chef de groupe ce
qu'il veut faire et la manière dont il veut agir :
cette nécessité devient plus sensible encore dans
les exercices présents ; *sans une direction bien
connue de tous, l'action manque d'unité ;* il devient
impossible d'obtenir des résultats sérieux et décisifs : au contraire, des malentendus regrettables
peuvent avoir lieu.

Pendant le combat, le commandant supérieur
envoie des patrouilles d'infanterie ou de cavalerie
examiner le terrain et l'action : ces patrouilles lui
rendent un compte exact de l'un et de l'autre.

Quand les troupes des ailes ne sont point en
communication avec d'autres troupes, et que, bien
qu'appuyées à des obstacles naturels et infranchis-
sables, elles peuvent être tournées par l'ennemi,
le commandant remédiera à cette situation en en-

voyant sur les flancs des patrouilles, tantôt d'infanterie, tantôt de cavalerie. Il pourra même les couvrir par de petits postes, les replier *en faces de redan*, ou, enfin, si elles sont trop en l'air, les faire couvrir par les troupes de deuxième ligne.

Les bataillons combattant aux ailes auront toujours un œil attentif sur leurs flancs et détacheront pour leur propre compte des patrouilles qui régleront leur mouvement sur celui du gros qui les envoie.

Si par les conditions du terrain ou du combat les bataillons de la première ligne étaient coupés les uns des autres, et qu'on ne pût les relier l'un à l'autre, on avertirait sur-le-champ le commandant supérieur pour qu'il pût faire occuper immédiatement l'espace laissé vide, par des troupes de la seconde ligne.

Un groupe quelconque ne doit pas se détacher du gros auquel il appartient sans que le commandant de ce gros en soit averti : il sera bon même que le commandant supérieur soit averti également, de manière qu'il puisse aviser immédiatement.

Il y aurait, en effet, de très-graves inconvénients à enlever, à son insu, à un chef de groupe, une partie des troupes sous ses ordres, à distraire, par exemple, une compagnie d'un bataillon ou un bataillon d'un régiment, quand le chef croirait pouvoir disposer de corps au complet et qu'il s'apercevrait, à l'improviste, qu'il n'a que des corps déjà fractionnés.

Pour éviter que les bataillons ne soient coupés les uns des autres, on ne leur fait occuper que des étendues de terrain proportionnelles à leur force, et l'on tient toujours derrière eux des troupes de deuxième ligne pour le soutenir s'il en est besoin.

On évitera d'une façon absolue que les combats ne dégénèrent en combats de tirailleurs : à cet effet, on renforcera continuellement avec des troupes fraîches les véritables tirailleurs ; au contraire, si l'on veut attaquer résolûment l'ennemi, qu'on fasse rentrer les tirailleurs et qu'on procède à l'attaque avec le gros des forces disponibles, soit qu'on les forme en lignes de bataillons déployés et donnant des feux soit en colonnes de bataillon, soit en colonnes de compagnie.

Les troupes en tirailleurs ne doivent pas seulement se relier aux tirailleurs des autres bataillons en ligne, mais encore masquer les mouvements de ces bataillons, empêcher les surprises, maintenir le contact avec l'ennemi et entamer le combat.

Les ordres et les avertissements se donnent par écrit ou verbalement.

On les donne par écrit quand il s'agit de dispositions détaillées concernant un régiment ou un bataillon chargé d'une mission spéciale.

On les donne verbalement quand il s'agit d'une formation à prendre pour un mouvement quelconque, par exemple pour se porter d'une position à une autre.

Pour éviter les malentendus et les inconvénients qui résulteraient de l'interprétation erronée ou de la fausse communication verbale d'un ordre, il est nécessaire que l'officier chargé de l'exécuter se le fasse répéter par l'officier ou le sous-officier chargé de le lui apporter : on exigera encore que le messager, en allant rendre compte à qui de droit que l'ordre est exécuté, répète encore une fois cet ordre tel qu'il l'a transmis.

Si celui qui reçoit un ordre a un doute sur l'exactitude des prescriptions qu'il reçoit, s'il ne les comprend pas bien, il doit se les faire redire et demander encore les plus amples explications : surtout s'il s'agit d'une opération importante.

Pour ce qui est de la manière de donner le thème d'une opération, pour tout ce qui regarde les juges du camp, les signaux, les règles suivies par les troupes pour occuper les positions primitives fixées dans la *progression* de la manœuvre, on se reportera aux prescriptions données dans les manœuvres de bataillon contre bataillon, et aux règles établies dans les prescriptions générales.

OBSERVATIONS

Sur les manœuvres de groupes de bataillons opposés les uns aux autres.

Les lignes de tirailleurs doivent toujours être à une certaine distance du bataillon, qu'il soit arrêté ou en marche ; c'est au chef du bataillon à régler cette distance suivant le terrain. Les soutiens ne doivent être trop près ni du bataillon ni des tirailleurs.

Les soutiens des bataillons des ailes doivent appuyer à droite ou à gauche, de manière à couvrir les flancs contre les pointes de l'ennemi.

Les bataillons des ailes couvriront leur flanc par des sections détachées.

Se tenir toujours rattaché aux bataillons voisins par des tirailleurs ou par des sections détachées, si ces bataillons sont trop fractionnés.

N'user du pas gymnastique que pour traverser un terrain découvert.

Avancer avec prudence, avec l'idée nettement établie de ce que l'on veut faire et en sachant toujours où l'on doit aller.

Exécuter les mouvements avec calme et sans précipitation.

Observer un silence absolu ; communiquer seulement par *ordres* ou *commandements*.

Les feux de tirailleurs ou de peloton doivent être exécutés lentement, si l'on ne veut pas dépenser inutilement des munitions. On ne doit tirer que sur un ennemi visible et non point au hasard.

Commencer le combat avec des tirailleurs, puis déployer ses colonnes en marchant ou de pied ferme, pour exécuter des feux d'ensemble.

Se bien souvenir des principes déjà donnés dans les observations à propos des exercices de combat de deux bataillons opposés l'un à l'autre, et les mettre en pratique en faisant manœuvrer l'un contre l'autre deux groupes de plusieurs bataillons.

EXEMPLES DE THÈMES

EXERCICES PRATIQUES DE COMBAT POUR DEUX GROUPES DE BATAILLONS OPPOSÉS L'UN A L'AUTRE : DES DEUX COTÉS ON POSSÈDE DE L'ARTILLERIE ET DE LA CAVALERIE. — APPLICATION DES TRANCHÉES DE BATAILLE.

Thème premier.

Défense d'une position occupée par trois bataillons et une section d'artillerie contre trois autres bataillons ayant une section d'artillerie et deux pelotons de cavalerie.

Thème deuxième.

Attaque d'une position boisée et accidentée par trois bataillons d'infanterie et une section d'artillerie. La défense a des forces égales.

Thème troisième.

Rencontre improvisée de deux régiments en reconnaissance. L'un a une section d'artillerie et deux pelotons de cavalerie, l'autre une batterie d'artillerie.

Thème quatrième.

Attaque d'une arrière-garde composée de trois bataillons et d'une section d'artillerie, par un régiment d'infanterie (trois bataillons), une section d'artillerie et deux pelotons de cavalerie.

Thème cinquième.

Attaque et passage d'un défilé par un régiment (trois bataillons) et deux sections d'artillerie. Le défilé est défendu par trois bataillons, une section d'artillerie et deux pelotons de cavalerie.

Thème sixième.

Attaque et défense d'un village; l'assaillant se replie.

La défense a trois bataillons d'infanterie, une section d'artillerie, deux pelotons de cavalerie.

L'attaque : trois bataillons d'infanterie, deux sections d'artillerie.

EXEMPLES DE THÈMES

POUR LES COMMANDANTS DES DEUX GROUPES DE BATAILLONS OPPOSÉS L'UN A L'AUTRE.

Thème.

Attaque et passage d'un défilé effectués par un régiment (trois bataillons) et une batterie d'artillerie.

La défense a trois bataillons, une section d'artillerie et deux pelotons de cavalerie.

Hypothèse.

Une colonne ennemie va de Lonato à Medole par la route des Barques de Castiglione et les Groles : elle est précédée d'une forte avant-garde composée d'artillerie et d'un régiment d'infanterie. Elle sait que trois bataillons soutenus par de l'artillerie et de la cavalerie occupent une position avancée à Monte-Birletto et sur les hauteurs voisines, que ces bataillons veulent lui barrer la route des Groles, fermer le défilé par où passe cette route, entre le mont Scala et les hauteurs de Valscure.

Les instructions de l'avant-garde sont de stimuler une vigoureuse attaque sur le front de la défense, de profiter des premiers avantages pour tenter un mouvement tournant, de la prendre alors à dos, et de l'obliger ainsi à abandonner la position et à se replier rapidement sur Medole où se trouve le gros de son armée.

La défense creuse quelques tranchées-abris en avant de son front, à cheval sur la route des Barques.

POSITIONS PRIMITIVES DES PARTIS ENNEMIS

ATTAQUE.

—

Mont Astor et Maisons-Ruinées. — A 6 heures du matin, on s'apprêtera pour le départ ; à 6 h. 1/2, on commencera le mouvement.

DÉFENSE.

—

Mont Birletto et hauteurs adjacentes. — Être à 6 heures du matin sur les positions. Le bataillon de grand garde exécutera des tranchées-abris.

OBJET.

—

Défense d'un défilé avec trois bataillons, une section d'artillerie et deux pelotons de cavalerie.

—

A M. le colonel commandant le..... régiment d'infanterie.

—

Le régiment sous vos ordres, ayant avec lui une section d'artillerie et un demi-escadron de cavalerie, se trouvera, formé en trois bataillons, demain, à 6 heures du matin, sur les positions du Birletto et des hauteurs adjacentes. Sa mission est d'interdire le passage, par le défilé des Groles, à un corps provenant de Lonato.

Vous prendrez pour la défense les dispositions convenables en profitant des accidents du terrain, et vous ferez creuser des tranchées de bataille.

Si force vous était faite de vous retirer, votre ligne de retraite est sur Medole.

LE GÉNÉRAL DE BRIGADE,

X***.

OBJET.

—

Attaque et passage d'un défilé par trois bataillons d'infanterie et deux sections d'artillerie.

—

A M. le colonel commandant le..... régiment d'infanterie.

—

Le régiment sous vos ordres, formé en trois bataillons et ayant avec lui deux sections d'artillerie, se trouvera demain, à 6 heures du matin, en colonne serrée par peloton, au mont Astor et aux Maisons-Ruinées.

L'opération qu'il aura à tenter est d'attaquer et de forcer le défilé qui conduit au village des Groles, pour ouvrir ainsi le passage au corps principal qui marche de Lonato sur Medole par la route des Barques de Castiglione et des Groles.

Pour arriver à ce but, vous simulerez une attaque vigoureuse sur le front de la défense, et, profitant des premiers avantages, vous tenterez de tourner l'ennemi, de le prendre en queue et vous l'obligerez ainsi à abandonner sa position.

A 6 h. 1/2, vous commencerez le mouvement offensif.

LE GÉNÉRAL DE BRIGADE,

X***.

———

N. B. La zone d'action et de combat est nettement déterminée pour les deux partis :

1° Sur la droite de la défense, par la route qui va des Barques de Castiglione aux Groles par les Barques de Solferino et le mont des Fatorelles ;

2° Sur la gauche de la défense, par la route qui se détache de celle de Solferino et atteint les Groles en contournant les hauteurs de Valscure et en enfermant dans la zone les dernières pentes de ces hauteurs.

———

NOTA. En limitant la zone d'action on exerce les troupes à manœuvrer compactes et à se maintenir en un terrain proportionné à leur masse : on évite ainsi que les combats ne dégénèrent en ces *combats de tirailleurs,* vers lesquels ils tendent tous aujourd'hui.

Les troupes étant bien exercées à manœuvrer dans une certaine zone limitée, on les habituera à agir en terrain libre : on s'approchera ainsi d'une vraisemblance plus grande avec ce qui se passe en campagne.

EMPLOI DE L'ARTILLERIE DANS LES COMBATS

Données relatives à son matériel.

Le canon italien de campagne est en bronze, rayé, et son calibre est de 9 centimètres. Celui de 8 centimètres, également rayé, et de bronze, est destiné à la guerre de montagnes.

Les tirs exécutés avec le canon de 9 centimètres sont : le tir de plein fouet à mitraille et à obus, le tir en bombe et plongeant, à obus.

Le tir à mitraille est efficace jusqu'à 500 mètres et même jusqu'à 600, quand le terrain est plat et régulier.

La mitraille se tire contre des lignes étendues, telles que : lignes de bataille, chaînes de tirailleurs ou de cavaliers en fourrageurs.

Contre des troupes en colonne ou des masses de cavalerie, le tir de plein fouet à obus est généralement le plus efficace; sur le champ de bataille, ce genre de tir s'effectue ordinairement jusqu'à 1500 mètres, ce qui n'empêche point qu'il ne puisse être exécuté à des distances bien plus considérables.

Lorsqu'on tire à une distance connue, ou sur des masses d'infanterie ou de cavalerie considérables, on tire quelques coups d'essai, après lesquels il est facile de régler convenablement le feu.

Dans ce cas, le tir de plein fouet peut s'étendre jusqu'à 2,500 mètres avec la plus grande efficacité. Et même lorsqu'il s'agit de lancer des projectiles éclatants sur un village, un campement ou sur des colonnes en retraite, et qu'il s'agit plutôt d'inquiéter l'ennemi que de lui infliger des pertes réelles, le tir de plein fouet peut être poussé jusqu'à 3,000 mètres.

Le tir en bombe s'exécute lorsqu'on veut agir sur une ligne de tirailleurs placée trop loin pour la mitraille, ou encore pour battre certains points que l'œil ne peut apercevoir et où l'ennemi est à l'abri du tir de plein fouet ; ce tir peut être poussé jusqu'à 2,500 mètres.

Le tir plongeant à ricochet sert seulement pour battre d'enfilade les faces de certains ouvrages de fortification de campagne ; comme son usage est excessivement rare, on le considère comme un tir exceptionnel.

Le canon de 8 centimètres est uniquement employé dans la guerre de montagne, on le transporte à dos de mulet.

On peut exécuter avec ce canon les mêmes tirs

qu'avec la pièce de 9 centimètres, excepté le tir plongeant, seulement la portée est moindre.

Le tir à mitraille est efficace jusqu'à 400 mètres. Le tir de plein fouet cesse de l'être au delà de 1200 mètres. Cependant, dans les circonstances déjà dites pour le canon de 9 centimètres, il peut être exécuté jusqu'à 2,500 mètres.

Le tir en bombe est employé avec le canon de montagne comme avec la pièce de campagne; on peut l'effectuer jusqu'à 1400 mètres.

CHIFFRES

RELATIFS AU MATÉRIEL D'ARTILLERIE.

Rapidité du tir. . . . .
{ A mitraille, on peut tirer de deux à trois coups par minute.
A obus, de plein fouet, un ou deux coups par minute.
A obus, en bombe, deux coups par trois minutes ou seulement un coup. }

		Mèt.	c.
Longueur d'une batterie de campagne n'ayant que ses pièces . . . . {	En colonne, par pièce . .	88	»
	— section .	75	»
Idem, avec trois voitures de munitions. . {	— pièce . .	133	»
	— section .	103	»
Longueur de la batterie de manœuvre . . . . {	— pièce . .	199	»
	— section .	136	»
Idem de la colonne de munitions . . . . . {	En colonne, une voiture derrière l'autre.	82	»
Distance minima, de pièce à pièce, nécessaire pour exécuter le feu . . . . {	Canon de 9 centimètres .	6	»
	— 8 — . .	5	»
Largeur que doivent avoir les routes pour le passage des voitures d'artillerie. . {	Sans accessoires de rechange.	2	»
	Avec accessoires id. . .	4	50
	Pour pouvoir faire demi-tour	8	»

TABLE DES ALLURES

DES DIVERSES ARMES, ÉTABLIES EN MÈTRES.

(L'unité de temps est la minute.)

ARME.	ALLURE.	AUTEURS.	PAS ou TEMPS.	MÈTRES	OBSERVATIONS.
INFANTERIE. .	Pas de route ou de manœuvre.	La Théorie.	120	90	Régulièrement, en marche, une troupe exercée fait 5 kilomètres à l'heure ; elle peut même en faire 6 en cas de besoin.
—	—	Jeu de la guerre (Prussien).	100	75	
—	—	Laisné.	100	80	
—	Pas de course.	La Théorie.	170	128	
—	—	Jeu de la guerre.	175	130	
—	Pas gymnastique.	Laisné.	165	136	
CAVALERIE . .	Pas.	La Théorie.	140	105	
—	—	Jeu de la guerre.	125	94	

—	—	Laisné.	108	90	M. 0,83 par pas (en moyenne).
—	Trot.	La Théorie.	230	172	
—	—	Jeu de la guerre.	300	225	Idem.
—	—	Laisné.	230	190	
—	Marche accélérée en alternant.	La Théorie.	230	136	Sans compter 30 minutes de halte toutes les 3 h.1/2 de marche.
—	Pas et trot.	—	230	136	
—	Galop	—	400	300	Galop de manœuvre et de route.
—	—	Jeu de la guerre.	400	300	
—	—	Laisné.	480	390	
—	Galop accéléré.	La Théorie.	500	375	
—	Galop de charge.	—	800	600	

ARTILLERIE . .	Pas et trot de manœuvre en terrain plat, comme la cavalerie, selon la théorie, le Kriegspiel et Laisné ; en marche, 6 kilomètres à l'heure.
TRAIN (Colonne de voitures) . . .	Pas de route, suivant le Kriegspiel et Laisné, environ 65 mètres à la minute. Pour mettre en mouvement et sur une seule file une colonne de 300 voitures parquées, on compte environ une heure.

TABLE DES MATIÈRES.

PREMIÈRE PARTIE. — Exercices du premier degré.

DEUXIÈME PARTIE. — Exercices du deuxième degré.

PARIS. — IMPRIMERIE J. DUMAINE, RUE CHRISTINE, 2.